ENFURNADOS

COMO TIRAR O SEU ADOLESCENTE DO QUARTO

ENFURNADOS

COMO TIRAR O SEU ADOLESCENTE DO QUARTO

ANITA CLEARE

TRADUÇÃO
KÍCILA FERREGUETTI

LATITUDE°

TÍTULO ORIGINAL *How to Get Your Teenager Out of Their Bedroom*

© 2024 Anita Cleare

© 2025 VR Editora S.A. em acordo com Johnson & Alcock Ltd.

Latitude é o selo de aperfeiçoamento pessoal da VR Editora

GERENTE EDITORIAL Tamires von Atzingen
EDITORA Silvia Tocci Masini
ASSISTENTE EDITORIAL Michelle Oshiro
REVISÃO Lígia Alves
DESIGN DE CAPA E DIAGRAMAÇÃO Pamella Destefi
PROJETO GRÁFICO DE MIOLO Karen Smith e Pamella Destefi
PRODUÇÃO GRÁFICA Alexandre Magno

Dados Internacionais de Catalogação na Publicação (CIP)
(Câmara Brasileira do Livro, SP, Brasil)

Cleare, Anita
Enfurnados: como tirar o seu adolescente do quarto / Anita
Cleare; tradução Kícila Ferreguetti. – São Paulo: Latitude,
2025.

Título original: How to Get Your Teenager Out of Their
Bedroom.
Bibliografia.
ISBN 978-65-89275-69-5

1. Adolescentes - Comportamento 2. Educação de filhos
3. Parentalidade 4. Psicologia 5. Relacionamento entre
pais e filhos I. Título.

24-245224	CDD-155.5

Índices para catálogo sistemático:
1. Adolescência: Comportamento: Psicologia   155.5
Eliane de Freitas Leite – Bibliotecária – CRB 8/8415

Todos os direitos desta edição reservados à
VR Editora S.A.
Av. Paulista, 1337 – Conj. 11 | Bela Vista
CEP 01311-200 | São Paulo | SP
vreditoras.com.br | editoras@vreditoras.com.br

... um pouco de ajuda, um pouco de esperança
e alguém que acredita em você.

SUMÁRIO

Introdução   **11**

Capítulo 1 - O que aconteceu com o meu filho?   **19**
O projeto de desenvolvimento de um adolescente   21
O que acontece dentro do cérebro de um adolescente?   25
Como o cérebro adolescente governa as suas ações   28
"Quem eu serei?"   32
"Onde será que eu me encaixo?"   36
É proibida a entrada de pais!   39

Capítulo 2 - Navegando pelos dolorosos anos da adolescência   **43**
Todos os sentimentos ao mesmo tempo   44
Os pensamentos que nos derrubam   48
Os ciclos que nos prendem   53
Cinco regras de ouro para os pais de adolescentes   58

Capítulo 3 - Como persuadir um adolescente relutante a passar tempo com você   **64**
"Você vai participar, quer queira ou não!"   66
Planejando juntos o tempo em família   71
Faça concessões (tente fazer do jeito deles!)   77
Os pequenos momentos são os mais importantes   80

Se não der certo hoje, tente de novo amanhã 82

Algumas sugestões de outros pais que
podem funcionar 83

**Capítulo 4 - O antídoto para os celulares, os amigos
e as redes sociais** **92**

Por que os adolescentes ficam tão obcecados
com o celular? 95

O impacto dos celulares e das redes sociais 98

Como ajudar os adolescentes a se sentirem
bem consigo mesmos? 104

Um passo a passo para diminuir o uso do celular 109

**Capítulo 5 - Como convencer o meu adolescente
a se abrir?** **119**

Por que os adolescentes se fecham? 121

O que os adolescentes escutam quando seus
pais falam 124

Como ser a pessoa confiável com quem
o adolescente quer conversar 126

Pequenas mudanças que propiciam boas conversas 134

**Capítulo 6 - O que fazer quando eles só querem saber
de jogar videogame?** **144**

Por que os adolescentes amam videogames? 145

Como ser pai ou mãe de um *gamer* 149

Por que cobrar não funciona? 157

Estabelecendo limites para jogar videogame
no caso de adolescentes mais novos 160

Como convencer um *gamer* dedicado a mudar
sua rotina? 164

**Capítulo 7 - Como ajudar a melhorar as oscilações
de humor do seu adolescente**   **171**

Quais são os sinais de rebaixamento de humor em
adolescentes?   172

É rebaixamento de humor ou depressão?   174

Como apoiar o seu adolescente   176

Algumas sugestões para melhorar o humor do seu
adolescente   181

**Capítulo 8 - Como fortalecer a autoconfiança do
seu adolescente**   **189**

O que é ansiedade?   191

Como ajudar os adolescentes a encontrarem
sua coragem   194

Capítulo 9 - Quando você deve se preocupar   **207**

Sinais de alerta que exigem a sua atenção   208

Quando procurar ajuda   210

Incentivando o seu adolescente a procurar ajuda
profissional   211

Onde encontrar ajuda   213

Cuidando de você   214

Conclusão   **217**

Recursos para os pais   **221**

Referências bibliográficas   **225**

Agradecimentos   **227**

INTRODUÇÃO

Nenhum adolescente é igual ao outro. Alguns passam com tranquilidade pela adolescência: tomam boas decisões, permanecem próximos de seus pais e estão dispostos a ouvir bons conselhos. Há aqueles que escolhem um caminho mais tortuoso, no qual correm riscos e desafiam qualquer figura de autoridade. E há ainda aqueles que simplesmente se fecham e se isolam em seu quarto. É difícil saber com certeza qual direção cada um escolherá. Durante os dez ou mais anos da adolescência, o seu adolescente pode escolher um pouco desses três caminhos.

Porém, se você está lendo este livro, é provável que o seu adolescente tenha entrado no modo isolamento. Talvez ele tenha se afastado do mundo em geral, ou talvez só de você. Pode ser que seja um afastamento físico que culminou na criação de um espaço só para adolescentes no quarto dele. Ou pode ser que tenha se fechado a ponto de se comunicar apenas com o revirar de olhos e respostas monossilábicas grosseiras (intercalados com momentos de carinho aleatórios ou ataques de raiva). Alguns adolescentes se recusam a participar da vida familiar como um todo e criam para si mesmos uma existência paralela dentro de casa. Outros aceitam sair para os programas em família, mas passam o tempo todo no celular. Outros ficam tão ressentidos por serem arrastados para esses programas que acabam com a diversão de todo mundo, fazendo você desejar que eles tivessem permanecido no quarto.

Na maioria dos casos, pode ser que o isolamento seja simplesmente uma "fase do casulo"; uma fase passageira da qual os adolescentes costumam emergir como jovens adultos adoráveis no final. Mas é também uma fase na qual eles estão mais vulneráveis. De repente seus corpos começam a mudar, eles passam a pensar em sexo, as tarefas escolares se tornam mais difíceis, as amizades ficam mais complexas e eles se veem diante de uma série de decisões sobre o futuro que parecem ser de vida ou morte. É um período de alto risco e estresse contínuo. A maioria dos adolescentes enfrenta dúvidas e inseguranças, especialmente em relação à aparência e à adequação, e muitos sofrem uma queda na autoestima. Para alguns, as dificuldades com a saúde mental assumem completamente o controle.

O problema é que, se o seu adolescente não conversar com você, fica difícil saber o que está acontecendo e como ajudá-lo. Neste momento em que os adolescentes estão tão vulneráveis, pode ser ainda mais difícil se aproximar deles.

Não importa o motivo do isolamento de um adolescente — uma fase passageira ou o resultado de questões internas —, não podemos simplesmente deixar que ele lide com isso sozinho. O relacionamento entre pais e filhos adolescentes é muito importante. Sabemos que a presença de um adulto atencioso e empático desempenha um papel decisivo para que adolescentes se tornem jovens adultos felizes e bem-sucedidos. O objetivo deste livro é ajudá-lo a ser esse tipo de adulto; a encontrar meios de entender o que está acontecendo e manter uma conexão, para que você seja o tipo de pai ou mãe de que o seu adolescente precisa (ainda que, neste momento, ele não queira nem saber de você).

Nos próximos capítulos, você encontrará dicas práticas sobre como romper a barreira desse isolamento, construir uma boa relação com o seu adolescente e cuidar do bem-estar dele, apesar de a porta do quarto estar quase sempre fechada. O foco será

INTRODUÇÃO

nas vitórias possíveis e nas pequenas ações diárias; coisas que você pode aprender e colocar em prática hoje e que farão diferença. Darei a você o passo a passo de como convencer um adolescente relutante a passar tempo com você (e explicar por que é muito importante que você seja perseverante nesse momento) e apresentarei instruções de como se comunicar efetivamente (sem precisar cobrar!). Haverá estratégias sobre como lidar com alguns dos problemas mais complexos que costumam estar relacionados ao isolamento de um adolescente, como a compulsão por jogar videogame, a obsessão pelo celular e a ansiedade social. Farei uso de fundamentos da neurociência e da psicologia do desenvolvimento para ajudá-lo a compreender o que está acontecendo dentro do cérebro do seu adolescente, e trarei as lições que aprendi durante os meus vinte anos de experiência no apoio a famílias, que o ajudarão a encontrar estratégias parentais que realmente funcionem, quer seu filho esteja no início da jornada pela adolescência (aos 11 anos) ou no auge dela.

As principais mensagens e estratégias neste livro o ajudarão a apoiar o seu filho adolescente independentemente dos desafios que ele enfrentar. No entanto, existem muitas questões que não serão aprofundadas aqui e para as quais você precisará consultar um especialista (tais como disforia de gênero, transtorno alimentar, entre outras). Ansiedade e depressão são detalhadas nos capítulos 7 e 8, respectivamente, por serem bastante prevalentes nos adolescentes de hoje, sobretudo entre aqueles que se isolam, além de, muitas vezes, estarem correlacionadas com outras dificuldades da adolescência.

Este livro não é para ser lido por adolescentes. Ele foi escrito para mães e pais ou para quem quer que esteja exercendo o papel de cuidador primário de um adolescente. Outros membros da família e profissionais que trabalham com adolescentes acharão este livro útil, é verdade, mas não foi para eles que o escrevi. Pela minha experiência, a relação que os adolescentes têm com seus professores, treinadores ou outros familiares costuma ser diferente da relação que eles têm com os pais e como se comportam diante deles. É dos pais que eles precisam se separar para se tornarem jovens adultos independentes; e é por isso que eles podem aceitar de bom grado o conselho de um especialista mas recusar esse mesmo conselho se vier de você, geralmente de um jeito brusco que magoa.

Aqui você encontrará muita sinceridade. Nós não sobrevivemos à adolescência sem fazer besteiras ou cometer erros (nossos adolescentes não são os únicos que precisam lidar com mudanças ou emoções complicadas). Dividirei com você as dicas que recebi de outros pais e compartilharei um pouco da minha própria história; não porque fiz tudo certo (longe disso), mas porque quero que você saiba que pode errar e que até mesmo os rompimentos mais difíceis podem ser revertidos.

Este livro é o resultado de algumas das minhas experiências mais significativas, tanto pessoal quanto profissional. A ideia inicialmente me ocorreu enquanto escrevia um artigo no qual expunha o sentimento de perda e rejeição que experimentei enquanto meu filho adolescente se isolava:

> Há dias que sinto tanta falta do meu filho adolescente que começo a chorar. Ele não foi para lugar nenhum. Ainda mora na minha casa. Eu o vejo todos os dias. Mas ele não quer mais ficar perto de mim. Ele não quer falar comigo de jeito nenhum.[1]

A repercussão a esse artigo foi enorme. Centenas de pais deixaram comentários para dizer o quanto tinham se identificado

---

1 Você pode ler este artigo em inglês no site do *Huffington Post* UK.

com o texto. Muitos entraram em contato comigo diretamente por e-mail para me contar suas histórias e me dar esperança e conselhos. Eu sabia que estava no caminho certo com aquele artigo; mas, na época, não estava pronta para encontrar o distanciamento emocional necessário para escrever este livro. Tudo ainda era muito doloroso.

Logo depois, meu filho foi diagnosticado com depressão e ansiedade e a situação piorou muito. Quando não estava na escola ou com os amigos fazendo coisas arriscadas que me deixavam de cabelo em pé, ele praticamente não saía do quarto. A nossa jornada pessoal por questões de saúde mental típicas da adolescência foi longa e difícil e passou por ataques de pânico, pensamentos suicidas, automutilação e mentiras. Eu cometi tantos erros. Mas também aprendi muito pelo caminho sobre como criar uma conexão positiva a partir da desconexão que ocorre na adolescência.

A maioria dos pais não enfrentará esses casos extremos. O seu adolescente pode apenas estar envolvido com jogos de videogame, um pouco obcecado por suas interações nas redes sociais ou se sentindo inseguro. Ou talvez ele esteja apenas reforçando sua independência ao manter a porta do quarto fechada. Espero que você encontre nestas páginas condutas e desafios que reconheça, bem como as ferramentas necessárias para compreender, se conectar e ajudar o seu filho adolescente, não importa o que esteja acontecendo com ele.

O que você não encontrará neste livro é culpa. Qualquer que seja a sua situação agora, a culpa não irá ajudá-lo. O que você precisa é de compreensão. Quando terminar a leitura, eu quero que você consiga compreender melhor o que está acontecendo dentro de você e do seu adolescente, e que tenha mais clareza sobre como educá-lo durante essa fase (com sugestões concretas para colocar em prática). Sobretudo, quero que você termine de ler este livro se sentindo esperançoso, porque não será sempre assim. Não importa o quanto tudo pareça difícil agora, o quanto o seu adolescente esteja distante, desinteressado, mal-educado ou triste hoje, o futuro dele será cheio de oportunidades, e ele se tornará um jovem adulto adorável. É essencial que você acredite nisso. Faça disso um mantra. Grave-o em forma de áudio no seu celular e escute todo dia. Acreditar que seu filho terá um belo futuro é acreditar nele agora. E, não importa o que ele diga ou faça, ele precisa sentir que você acredita nele. Pode ser que ele não se sinta grato pelos seus esforços (ou não entenda o quanto custaram caro), mas o seu apoio faz toda a diferença.

Com isso mente, eis um pouquinho de esperança antes de começarmos.

RELATO PESSOAL
DIA DAS MÃES: DUAS HISTÓRIAS BEM DIFERENTES

DIA DAS MÃES (ADOLESCENTE DE 15 ANOS)

Quando acordo de manhã, meus filhos adolescentes ainda estão dormindo. Sei que meu marido provavelmente os lembrou que hoje é Dia das Mães. Tenho certeza de que ele contribuiu financeiramente para que pudessem comprar os presentes e cobrou deles que os comprassem (ele não gostaria que a data passasse em branco).

Um dos adolescentes acorda cedo para ir assistir a um jogo. Depois de uma movimentação suspeita em outro quarto, ele volta, me dá um beijo na bochecha e entrega um pequeno buquê de tulipas e um cartão feito à mão onde se lê "Obrigado por ser a melhor mãe". Em seguida, ele sai. As tulipas são da lojinha da esquina; mas ele foi lá comprá-las sozinho, meu marido me garante.

O outro adolescente só sai do quarto na hora do almoço. Escuto mais uma movimentação e vozes alteradas. Ele volta para o quarto sem dizer "oi".

Vou para a cozinha, onde encontro um vaso com três narcisos de tamanhos diferentes colhidos no jardim do quintal da nossa casa junto com um pacote dos meus bombons de chocolate meio amargo favoritos. Tenho certeza de que se trata do presente reserva do meu marido, caso um dos adolescentes esquecesse.

Há também um envelope com a palavra "Mamãe" escrito na frente, e eu o abro. Dentro está a nota fiscal dos bombons, que provavelmente veio no pacote. Ele nem sequer olhou o que tinha dentro do envelope, simplesmente escreveu meu nome.

Passo o resto do dia me sentindo triste, comendo compulsivamente os bombons, enquanto tento conter minhas lágrimas.

DIA DAS MÃES (ADOLESCENTE DE 18 ANOS)

Estou viajando, passando o final de semana nas montanhas com um dos adolescentes e o nosso cachorro. Ele continua não participando dos programas em família, mas estabelecemos uma tradição de viajar juntos durante um final de semana de tempos em tempos, só nós dois. Tinha esquecido que seria Dia das Mães quando programei a viagem (para ser sincera, deixei de me importar com essa data, que mais parece uma farsa).

Meu filho sai do quarto, faz seu café da manhã e conversamos sobre o que planejamos para o dia. Ele parece ter se esquecido de que é Dia das Mães, então nem falo nada. Estamos nos divertindo e isso não tem preço.

Estamos prestes a sair para fazer uma caminhada quando ele me entrega um cartão. "Feliz Dia das Mães", ele me diz, e me dá um abraço. Abro o cartão e o leio.

"Querida mamãe, obrigado por sempre me apoiar e por

> sempre fazer o seu melhor. Você é a melhor mãe que eu poderia desejar. Tenho sorte de ter uma mãe tão atenciosa e amorosa e por sermos tão próximos um do outro. Obrigado por me aturar durante todo esse tempo e por sempre ter acreditado em mim. Minha vida teria sido bem diferente se não fosse por você. Eu te amo muito."
>
> Eu desato a chorar.

CAPÍTULO 1
O QUE ACONTECEU COM O MEU FILHO?

Você sente que seu filho está "diferente" ultimamente? Como se ele estivesse vestindo uma fantasia em tamanho maior de outro adolescente? Será que ele está se comportando de uma forma que contradiz tudo que você tentou ensiná-lo? Quando a adolescência chega, as mudanças podem ser abruptas e causar desorientação. Pode parecer que o filho que você conhecia e amava se tornou uma pessoa totalmente diferente (e não necessariamente uma pessoa de quem você gosta).

Sempre fomos muito próximos um do outro.

Isso não parece algo que ele faria.

Ele anda tão mal-educado ultimamente.

Ela nem sequer fala comigo.

A adolescência é um período de transição, e as mudanças raramente são confortáveis. O que você está testemunhando não é seu filho aprontando ou se desviando do caminho; e sim seu filho fazendo o melhor possível para lidar com as mudanças biológicas, psicológicas e ambientais que chegam no início da adolescência e são profundamente incômodas.

Os adolescentes têm um enorme "trabalho" de desenvolvimento para fazer. A década[2] da adolescência é quando as crianças precisam descobrir quem são e aprender a assumir seus papéis como jovens adultos na sociedade. A questão é que, durante essa transição, eles são governados por forças que não podem controlar. Assim como os bebês são compelidos a ficar de pé para se equilibrar nas duas pernas e se preparar para andar, os adolescentes são impelidos a treinar os músculos que os transformarão em jovens adultos independentes.

A maioria de nós entra em choque quando se vê diante de um adolescente alienígena no lugar do nosso filho. Mas ficar em negação ou indiferente durante essa fase de mudança não ajudará em nada. Precisamos conhecer esse jovem adulto que está em formação e ajudá-lo a crescer. E, para isso, ter atenção é fundamental. Precisamos tentar imaginar, de verdade, o que realmente se passa dentro dessa nova pessoa em desenvolvimento, porque o que à primeira vista pode parecer mau comportamento ou egoísmo muda completamente quando olhamos para dentro e compreendemos sua origem.

Por isso, vamos examinar o que está acontecendo dentro do seu adolescente.

---

2 Ocorre entre os 11 e os 22 anos, aproximadamente.

O projeto de desenvolvimento de um adolescente

Vamos começar com a visão geral. Se a adolescência faz a ponte entre a infância e a fase adulta, quais são as principais mudanças pelas quais os adolescentes precisam passar?

- **Crianças** vivem em lares criados para elas pelos adultos que cuidam e assumem a responsabilidade por todas as suas questões de saúde, bem-estar e educação.
- Espera-se que os **adultos** formem lares com as pessoas que escolheram e se tornem responsáveis pelo seu próprio sustento.

Para sair da infância e chegar na fase adulta, os adolescentes precisam se desvincular dos adultos que tomavam conta deles (ou seja, de você!) e estabelecer novas relações com uma comunidade mais ampla. Eles precisam aprender a reconhecer as próprias necessidades (e a tomar decisões sobre como suprir essas necessidades) e a se tornar autônomos, independentes e donos de si mesmos.

Sei que isso não é novidade para você, que já entendeu que o seu adolescente está a caminho da independência. Na verdade, pode ser que você esteja se sentindo frustrado com o caminho tortuoso que seu filho escolheu. Para você, pode parecer que seu filho não está fazendo avanço nenhum: ele continua comendo a comida que você prepara, reclamando quando você pede para que ele faça qualquer coisa e segue enfurnado no quarto. Provavelmente nem parece estar indo para lugar algum agora.

Mesmo assim, por trás da porta do quarto dele, o trabalho para se tornar independente com certeza está acontecendo. Enquanto pais, tendemos a enxergar a independência como o destino aonde os adolescentes estão tentando chegar; mas o desenvolvimento infantil não funciona assim. Ele não é linear. As crianças aprendem por meio da prática e da repetição. Elas só aprendem fazendo. A cada fase da vida, elas são governadas por forças interiores intensas para testar as habilidades das quais precisarão na próxima fase. Na sua opinião, para que seu filho se torne independente ele precisa ir bem na escola para que possa entrar na faculdade e ter uma boa profissão. Para o adolescente, independência é algo que ele está vivendo e respirando neste momento.

Em vez de uma jornada ou destino, é mais útil considerar o progresso de um adolescente até chegar à fase adulta em termos de quatro motivações principais:

- **Separação** — desassociar-se da família;
- **Autonomia** — assumir o controle da própria vida e das próprias decisões;
- **Individualização** — definir a si mesmo e ter uma identidade única;
- **Assimilação** — aprender a fazer parte da sociedade.

Esses quatro motivadores são os propulsores por trás do comportamento dos adolescentes. A cada momento, pelo menos um desses motivadores os estará impulsionando, e às vezes serão todos eles. Isso não é uma coisa que o seu adolescente escolha ou controle; isso é o trabalho de desenvolvimento da adolescência. Assim como um bebê fica obsessivamente flexionando os joelhos para fortalecer suas pernas, o adolescente é compelido por esses quatro motivadores a flexionar os músculos de sua independência sem nem ao menos compreender por que ou o que está fazendo.

E, assim como um bebê aprendendo a andar, o progresso do adolescente não será simples nem linear (e com certeza haverá alguns tropeços). Às vezes pode parecer que o comportamento dele é o oposto de buscar independência — mas, se nos aprofundarmos e nos colocarmos em seu lugar, provavelmente conseguiremos identificar um dos quatro motivadores da independência em ação. Por exemplo, um adolescente que se isola no próprio quarto pode não parecer que está deixando o ninho para enfrentar a vida sozinho. Porém, ao se isolar no quarto, ele está praticando as habilidades de independência, por estar:

- erguendo uma barreira entre si mesmo e a família (separação);
- assumindo o controle do espaço onde vive e decidindo o que fazer nele e qual aparência terá (autonomia);
- explorando sua identidade por meio de roupas, maquiagem, pôsteres, música (individualização);
- trocando mensagens com os amigos e praticando suas habilidades sociais (assimilação).

O quarto de um adolescente é o campo de treinamento em que ele pratica como ser independente. E, considerando que nós, seres humanos, aprendemos praticando, quanto mais o seu adolescente manifestar esses quatro motivadores da independência, mais capaz de ser autônomo ele será e mais forte se tornará para concluir a transição para a fase adulta.

Mas e se ele estiver sendo completamente irresponsável? Passando horas no quarto olhando para uma tela em vez de estudar? Isso é o oposto de ser um jovem adulto responsável!

Eu entendo você. Só porque o seu adolescente está praticando suas habilidades de independência, não quer dizer que esteja se saindo bem ou sendo responsável. Às vezes esses quatro motivadores se manifestarão na forma de comportamentos que, para nós, parecem ser o oposto de uma maior maturidade: como exercer a autonomia resolvendo deixar bananas apodrecerem debaixo da cama ou ficar acordado até tarde na noite anterior a uma prova porque estava praticando as habilidades de assimilação interagindo com os colegas nas redes sociais. Enquanto flexionam suas asas da independência, os adolescentes tomarão más e boas decisões.

Esses quatro motivadores da independência nem sempre se manifestarão de formas óbvias e coerentes. Uma hora o adolescente pode não querer estar perto de você e dizer coisas desagradáveis para mantê-lo a distância (separação) e em seguida estar tão perdido lidando com problemas de amizade (assimilação) que se deitará ao seu lado na cama buscando conforto e conselhos (geralmente quando você não vê a hora de dormir!). Alguns adolescentes parecem estar caminhando na direção oposta desses motivadores. Por exemplo: um adolescente com ansiedade social pode fazer de tudo para fugir de interações sociais, mas isso não quer dizer que ele não está sendo movido pela necessidade de ser assimilado pelo grupo de amigos. Pelo contrário, é exatamente porque a vontade de pertencer (assimilação) é tão grande que ele se sente paralisado pelo medo.

Não estou sugerindo que nós, enquanto pais, deveríamos relevar como os nossos adolescentes escolhem expressar suas manifestações de independência e deixá-los lidar com elas sozinhos. O que estou dizendo é que aprender a identificar esses motivadores em ação é muito útil. Quando conseguimos reconhecer o que está por trás dos comportamentos dos nossos adolescentes, temos mais chances de conseguir nos conectar com eles e influenciar o seu desenvolvimento de um jeito positivo.

PLANO DE AÇÃO

Antes de continuar a leitura, faça uma pausa e reflita:

- Qual comportamento do seu adolescente você tem achado realmente desafiador ultimamente?
- Como será que um ou mais dos quatro motivadores da independência (separação, autonomia, individualização, assimilação) poderiam ajudar você a interpretar esse comportamento de um jeito diferente?

O que acontece dentro do cérebro de um adolescente?

Agora, vamos nos aprofundar e analisar o que acontece dentro do cérebro do adolescente para que os quatro motivadores da independência sejam traduzidos em pensamentos e ações. Os adolescentes podem aparentar ser quase adultos externamente, mas existe ainda bastante trabalho de construção neurológica acontecendo dentro do cérebro.

De modo geral, o cérebro humano é composto por três áreas principais.[3] A parte inferior do cérebro comanda nossas funções instintivas de sobrevivência (como a frequência cardíaca e a respiração). É essa parte do cérebro que assume o controle quando não há tempo para pensar e precisamos agir rapidamente, por exemplo, nos preparando para ações de fuga quando estamos em perigo. Em seguida, temos a parte superior

---

3 A seguir faço um panorama de alto nível da estrutura e desenvolvimento do cérebro, que resumi para torná-lo mais acessível. Se você quiser uma explicação mais detalhada, recomendo o livro *O cérebro adolescente*, de Frances E. Jensen.

do cérebro, que costuma ser chamada de cérebro "pensante". Nela está localizado o córtex pré-frontal, que comanda as funções executivas de alto nível, possibilitando que façamos coisas como planejar uma sequência de ações para atingir um objetivo. Os comportamentos guiados por essas funções executivas tendem a ser aqueles que tipicamente associamos a maior maturidade e os que mais queremos ver nos nossos adolescentes, tais como:

- Lembrar de fazer as coisas (sem precisar ser cobrado);
- Elaborar um cronograma de estudos (e segui-lo);
- Focar em uma tarefa específica (sem se distrair);
- Ser organizado (e não perder as coisas);
- Manter a calma e refletir sobre as coisas (sem se deixar levar pelas emoções);
- Ponderar com cuidado cada decisão (e não agir por impulso).

Entre as partes inferior e superior do cérebro está o sistema límbico, que governa nossas emoções. É nele que encontramos a amígdala, que desempenha um papel decisivo de triagem das informações que chegam até o cérebro e as direcionam ou para a parte pensante frontal ou para as regiões na parte inferior do cérebro. A amígdala está sempre atenta às ameaças, escaneando as informações que chegam por meio dos nossos sentidos em busca de sinais de perigo para que possam ser enviados diretamente à parte inferior do cérebro e gerar uma resposta defensiva imediata.

As regiões que ficam na parte inferior do cérebro são as mais cruciais para a nossa sobrevivência, uma vez que governam os processos do corpo que nos mantêm vivos. Portanto, é lógico que, à medida que as crianças crescem, o desenvolvimento de seu cérebro tenda a ter como foco principal proteger as regiões cruciais da parte inferior antes de progredir pelas áreas límbicas e chegar aos lóbulos frontais. Assim que a puberdade se manifesta e as crianças entram na adolescência, grande parte do trabalho neurológico preliminar já foi concluído. O cérebro muda o foco de atenção para melhorar a velocidade e a precisão com as quais os sinais são transmitidos ao longo de suas redes. É um processo semelhante ao de refazer uma fiação elétrica, no qual é preciso isolar os cabos de sinal, remover as vias que não estão sendo usadas e instalar conectores mais velozes para que o cérebro do jovem adulto esteja no modo de máximo desempenho durante a mudança para a vida independente.

No entanto, essa última atualização de performance também progride da parte inferior até a superior, começando na parte inferior, que controla o instinto, passando pelas emoções na parte central até chegar à parte frontal do cérebro. Isso significa que as partes do cérebro do adolescente que controlam as emoções são atualizadas antes que o córtex pré-frontal, mais racional, tenha sua vez. Em resumo, a parte emocional no centro do cérebro dos adolescentes está funcionando na rapidez de uma conexão 5G, enquanto a parte pensante frontal ainda está funcionando com uma conexão 3G. Devido à instabilidade da conexão, o sinal do cérebro pensante do adolescente está sempre caindo, ou é simplesmente abafado pelos sinais mais altos e claros vindo das regiões do cérebro emocional.

Por fim, assim que o cérebro adolescente conclui a sua atualização (por volta dos 25 anos), as conexões entre as partes frontais e inferiores formarão uma via altamente funcional e o cérebro dele correrá menos riscos de ser desligado (embora os adultos ainda sofram com isso às vezes!). Enquanto isso, o seu adolescente pode se parecer um pouco com Dr. Jekyll e Mr. Hyde, personagens do livro *O médico e o monstro*: ser inundado por emoções e ficar totalmente irracional em um momento (quando cai a conexão com o seu córtex pré-frontal) e logo depois voltar para a sua melhor versão, aquela que é mais doce, racional e atenciosa (quando suas emoções se acalmam e o córtex pré-frontal volta a ficar online).

Como o cérebro adolescente governa as suas ações

Quer dizer que é o cérebro do meu filho adolescente que o faz agir assim?

O fato de as regiões límbicas do cérebro adolescente estarem aceleradas enquanto o córtex pré-frontal ainda está se desenvolvendo explica muita coisa sobre o comportamento típico de um adolescente. O córtex pré-frontal desempenha um papel fundamental não só modulando as nossas emoções como também inibindo comportamentos inaceitáveis. Se o seu filho, que antes era bem-comportado e obediente, agora está batendo portas ou agindo com agressividade e no geral quebrando todas as regras da boa educação que você passou dez anos ensinando, saiba que um dos motivos para isso são as mudanças que estão ocorrendo no cérebro dele. Sem o direcionamento contido do córtex pré-frontal, sobram apenas os mecanismos mais fracos para evitar que os adolescentes sejam rudes ou agressivos ou que tenham colapsos emocionais.

O meu adolescente não fica emotivo nem grita comigo. Ele só me ignora e não conversa comigo de jeito nenhum.

Não são todos os adolescentes que externalizam suas emoções. Enquanto um deles deixa claras as suas emoções com atitudes extremas e gritos, outro pode estar preso em um mundo interior igualmente intenso, que, para quem está de fora, parece apenas que ele está assistindo a vídeos no YouTube. Ele pode parecer indiferente, dizer que não se importa. Isso não significa que não esteja prestes a explodir por causa dos intensos sentimentos que carrega dentro de si. Quando o sistema límbico está a pleno vapor, o adolescente não consegue lidar com suas emoções, e se fechar é uma resposta bastante comum.

Esse tipo de desenvolvimento que começa na parte inferior para chegar à parte superior do cérebro também torna os adolescentes mais suscetíveis às tentações oferecidas pelas emoções e pelas recompensas. Sentimentos de prazer e de recompensa são gerados pelo sistema límbico, que está a toda velocidade e completamente formado no cérebro dos adolescentes. Mas como a parte frontal do cérebro ainda não está devidamente no controle, eles têm dificuldade para resistir às tentações. Os sinais de recompensa enviados em alto e bom som facilmente abafam qualquer sussurro de cautela enviado pela parte pensante do cérebro, fazendo com que os adolescentes fiquem mais propensos a agir por impulso ou a tomar decisões baseadas nas recompensas (ignorando o próprio discernimento ou até mesmo os sábios conselhos de seus pais). Um adolescente pode ter dificuldade de controlar grandes e perigosos impulsos de recompensa (como pular em um rio para impressionar os amigos) ou tropeçar nos pequenos impulsos do dia a dia (como assistir a mais um episódio daquele desenho divertido, mesmo sabendo que tem tarefa da escola para fazer).

O meu adolescente raramente sai do quarto; ele nunca saltaria de uma ponte! O controle que o sistema límbico exerce sobre o cérebro do adolescente nem sempre o leva a correr riscos em busca de prazer. Ele também o torna mais propenso a sentir medo ou que está sendo ameaçado, além de ficar mais vulnerável à ansiedade. Sem um equilíbrio estável dos lobos frontais mais razoáveis, do tipo "vamos pensar bem", a amígdala do adolescente (que está sempre atenta a ameaças) pode começar a ver perigo em todas as situações e a acionar o botão de pânico, enviando onda atrás de onda dos sinais de luta-fuga-congelamento.

Essa resposta ansiosa às vezes é causada por fatores que podem ser facilmente identificados pelos pais: como um adolescente que fica tão estressado com a possibilidade de ir mal em uma prova que não consegue se concentrar e estudar para ela. Mas geralmente os gatilhos são menos óbvios, ou podem parecer triviais para nós, uma vez que o que um adolescente considera uma ameaça é diferente daquelas com as quais nos preocupamos enquanto pais. A amígdala do adolescente rapidamente identifica como ameaça (real ou imaginária) tudo que se relaciona àqueles quatro grandes motivadores de desenvolvimento (separação, autonomia, individualização, assimilação). Um adolescente pode, por exemplo, considerar uma ameaça ao seu direito de tomar as próprias decisões sobre o que faz e quando faz (autonomia), quando um dos pais carinhosamente bate em sua porta para lhe dizer que o jantar está pronto, e enviar uma resposta de fuga, dizendo, de forma agressiva, "Sai daqui!". Outro adolescente pode ser tão vulnerável à ameaça social de ser deixado de fora (assimilação) a ponto de agir de forma tola e sem demonstrar consideração apenas para continuar fazendo parte do grupo. Outro pode se afastar completamente dos amigos e ficar em casa em vez de correr o perigoso risco de não ser querido por eles. Quando o sistema límbico se sobrepõe ao cérebro pensante, o adolescente começa a considerar os riscos de um jeito diferente dos adultos, tornando difícil para nós entendermos o verdadeiro sentimento de ameaça que está motivando suas respostas (e fica muito fácil para nós desmerecê-las como se fossem exageros).

É claro que nenhum adolescente é igual ao outro. O desenvolvimento do cérebro pode seguir um caminho semelhante mas ocorrer em ritmos diferentes para cada um ou se manifestar em diferentes tipos de comportamento. Alguns adolescentes podem demonstrar sinais de maturidade mais cedo. Suas funções executivas mais fortes os ajudarão a tirar boas notas nas provas de final de ano e a dar os primeiros passos em direção à independência. Para os adolescentes neurodivergentes (por exemplo, aqueles que são autistas ou têm TDAH), esse período pode ser especialmente turbulento. O desenvolvimento de suas funções executivas pode seguir por um caminho diferente ou prosseguir em um ritmo diferente, fazendo com que tenham maior dificuldade para não se sentirem sobrecarregados por uma amígdala altamente reativa e avessa a ameaças.

Nada disso deve ser interpretado como um sinal de que o cérebro de um adolescente não está funcionando direito. Pelo contrário, é um sinal de que o cérebro do seu incrível adolescente está mudando para poder ativar os padrões neurológicos que o conduzirão na direção dos comportamentos necessários neste estágio do desenvolvimento, comportamentos que fortalecem suas habilidades de independência e operacionalizam seus motivadores de separação, autonomia, individualização e assimilação. A atração pela recompensa proporciona aos adolescentes uma enorme capacidade de aprender e os impulsiona a agir por conta própria. Sentir-se profundamente afetado pelas emoções os ajuda a estabelecer vínculos profundos com seus amigos. Estar alerta a ameaças os ajuda a navegar pela sociedade e a encontrar um lugar nela. Essa maior sensibilidade ocorre exatamente quando as crianças mais precisam: quando estão se afastando da proteção da unidade familiar e assumindo seus lugares de forma independente na sociedade.

Mas isso não faz com que seja fácil ser um adolescente, muito menos, sejamos sinceros, que seja fácil conviver com um.

"Quem eu serei?"

Se você está tendo dificuldade para reconhecer o seu adolescente, pode acreditar em mim quando digo que ele está tendo ainda mais dificuldade para conseguir entender quem é. É muito provável que seu filho tenha passado seus primeiros dez anos flutuando pela vida familiar (seja ela qual for) absorvendo hábitos, valores, interesses e desinteresses da cultura familiar. A família é onde as crianças entendem a si mesmas. As coisas que fazemos juntos e as decisões que tomamos em família constroem a percepção que as crianças têm de si mesmas, bem como seu sentimento de pertencimento. Porém, assim que entram na adolescência, as crianças são atiradas em águas muito mais agitadas. De repente, precisam se distanciar da família (separação) e começar a responder por suas atitudes (autonomia). Ainda assim, cada escolha que fazem diz algo sobre elas (individualização) e precisa ser considerada em termos de como serão vistas e do que os outros pensarão delas (assimilação). É um malabarismo complexo que exige que deixem a bolha protetora da família e construam uma nova identidade independente.

Onde um adolescente encontra as ferramentas para construir uma identidade? Ao seu redor, as opções são limitadas. Grande parte da vida de um adolescente é ditada por terceiros. Ele não pode escolher onde morar. Precisa ir à escola (quer goste ou não). Viajar sozinho pode ser complicado, e (como os pais costumam lembrá-lo) a casa não é dele, nem é ele quem paga as contas; logo, não cabe a ele tomar decisões. Uma das poucas oportunidades que um adolescente tem para estabelecer a sua identidade é através de suas escolhas: como se veste, seu corte de cabelo, as marcas que usa, seu gosto musical, os jogos de computador que joga. Sendo assim, os adolescentes usam essas ferramentas para descobrir (e enfatizar) o tipo de pessoa que são (ou que gostariam de ser) e para sinalizar o que defendem.

Para quem está de fora, essa estratégia de construção de identidade por meio de marcadores de aproximação se parece mais como se eles estivessem experimentando roupas penduradas em uma arara do que com uma forma de descobrir suas autenticidades. O seu adolescente pode de repente começar a usar uma linguagem completamente diferente, a falar com os amigos com um sotaque que até então nunca tinha usado, a dizer palavras das quais você pode não gostar. Pode ser que ele prefira uma marca específica de roupas da qual, segundo ele, não pode viver sem, e usa todas as ferramentas emocionais que possui para conseguir convencê-lo a comprá-las. A maioria dos experimentos de identidade dos nossos adolescentes será passageira e superficial (seis meses depois, você encontrará aquele valioso moletom de marca embolado debaixo da cama e ele nunca mais será usado de novo). Outros experimentos revelarão uma verdade sobre a identidade deles que durará para sempre. Não há nada de falso ou não autêntico nesse processo; cada nova versão de identidade contém algo importante que o seu adolescente está aprendendo sobre si mesmo.

Para os pais pode ser difícil tentar acompanhar essas rápidas mudanças de identidade, ou, até mesmo, aceitá-las, especialmente quando elas desafiam os nossos valores ou a ideia que temos dos nossos filhos. Depois de passar mais de uma década conhecendo nossos filhos tão bem, temos a tendência natural de nos apegar à versão deles que aprendemos a amar. Podemos achar que conhecemos nossos filhos melhor do que eles mesmos, quando a verdade é que são eles que estão trabalhando internamente para descobrir quem estão se tornando, enquanto nós estamos de fora tentando acompanhar esse processo. Eles precisam ter muita coragem para mostrar ao mundo quem são; por isso, nunca zombe, desmereça nem rejeite as formas de se expressar do seu adolescente. Independentemente da identidade que ele esteja explorando, revelando ou experimentando, o que ele precisa de nós é saber sem sombra de dúvida que aceitamos, amamos e valorizamos a pessoa que ele é.[4]

Você com certeza será capaz de notar como anda a confiança e autoestima do seu adolescente acompanhando suas mudanças de identidade. Ele pode oscilar entre uma certeza arrogante de que a versão atual de si mesmo está correta em todas as situações e pular para uma insegurança paralisante à medida que a confiança que tem nessa determinada aparência ou personalidade diminui (ou à medida que as preferências de seus amigos mudam drasticamente). Para nós, pode parecer que os adolescentes estão sempre exagerando ou obcecados com mínimos pontos de diferença; mas em uma idade na qual cada escolha será escrutinizada, essas não são questões triviais.

PLANO DE AÇÃO

O QUARTO BAGUNÇADO

A bagunça no quarto dos adolescentes é uma das principais queixas que ouço dos pais. Mas e se víssemos o quarto bagunçado sob outro ponto de vista? Não como um sinal de todas as coisas que o nosso adolescente deixou de fazer (pendurar as roupas, levar a louça de volta para a cozinha, limpar

---

4 Isso é importante sobretudo quando se trata de questões de identidade de gênero e sexualidade. Adolescentes LGBTQ+ correm mais riscos de ter problemas de saúde mental e ficam mais vulneráveis quando sofrem bullying; por isso é tão importante ser compreensível e manter uma relação próxima com eles.

aquela bebida derramada etc.), mas como uma manifestação do quanto eles têm em suas vidas e em suas mentes?

- Aqueles cosméticos (sem tampa) espalhados na frente do espelho: será que não mostram o quanto o seu adolescente está se esforçando para encontrar um caminho entre as expectativas sociais e sua autoconfiança?
- Aquelas queimaduras no carpete causadas pela chapinha de cabelo: será que não mostram o quanto o malabarismo diário para estar sempre impecável pode ser desesperador?
- Os halteres acumulando poeira próximos a uma embalagem vazia de pomada para acne: será que priorizar as coisas não é difícil demais quando tudo é importante?

Tampas de caneta jogadas, controles de videogame quebrados, curvex ao lado de anotações amassadas para um trabalho sobre as primeiras mulheres a reivindicar o direito ao voto, aquele pôster descolando da parede (Sonhe alto! Seja gentil! Continue sorrindo!), os cartões de aniversário do ano passado... quando paramos para analisar, chega a ser inspirador perceber o tanto de coisa com as quais nossos adolescentes estão lidando, com quantos elementos estão tentando se reconciliar e quanta energia devem gastar nisso tudo.

Olhe novamente. O que você veria se olhasse para a bagunça no quarto do seu adolescente com um outro olhar.

"Onde será que eu me encaixo?"

Eles só precisam ser quem são, não é? Não deveriam se importar tanto com o que as outras pessoas pensam. Os marcadores de aproximação — roupas, cabelo, lugares, hobbies — são tão importantes porque a identidade dos adolescentes nunca tem a ver apenas com quem são, mas também com quem eles aparentam ser. A pergunta que eles precisam responder não é apenas "Quem sou eu?" (individualização), mas também "Onde esse meu 'eu' se encaixa?" (assimilação). Ao mesmo tempo, enquanto estão descobrindo suas próprias opiniões e preferências, eles usam como referência a escala de aprovação social e se perguntam: "O que meus amigos pensariam se me vissem fazendo isso?". É quase como se tivessem uma audiência imaginária[5] de amigos em suas mentes para verificar como seus pensamentos, ações e aparências podem ser interpretados a qualquer momento.

É claro que de certa forma todos nós fazemos isso, inclusive nós, pais, mas a audiência imaginária dos adolescentes é realmente poderosa. Descobrimos através de experimentos utilizando ressonância magnética que o pensamento de estar sendo observado é registrado com muito mais intensidade no cérebro de um adolescente do que no de um adulto ou de uma criança, e sua resposta ao estresse é ativada quando ele acredita (ou imagina) que está sendo observado por outro adolescente. O seu coração bate mais rápido, sua pele pode ficar ruborizada,

---

5 O termo "audiência imaginária" foi utilizado pela primeira vez pelo psicólogo David Elkind. Existe um resumo muito útil da pesquisa que embasa esse conceito no livro de Sarah-Jayne Blakemore, de 2019 intitulado *Inventing Ourselves: The Secret Life of the Teenage Brain* [Inventando a nós mesmos: A vida secreta do cérebro adolescente, em tradução livre]. Se você quiser mais detalhes sobre os experimentos que nos ajudaram a entender mais sobre o cérebro adolescente, esse é o melhor livro sobre o assunto.

ele começa a suar; e isso só de pensar que está sendo observado por outro adolescente. Quando acrescentamos as redes sociais a essa equação — e a possibilidade real de que alguém pode estar de fato olhando para a sua foto ou para a sua última contribuição no grupo de mensagens neste exato momento —, é bem possível que a insegurança do adolescente se transforme rapidamente em ansiedade extrema.

Enquanto pais, queremos que os nossos adolescentes se sintam bem consigo mesmos e que saibam que são incríveis e amados exatamente como são. Ficamos frustrados quando vemos o quanto eles se preocupam com o que as outras pessoas pensam ou seguem o rebanho e se juntam à maioria. Porém, para o seu adolescente, fazer parte do grupo de amigos não é uma escolha. O cérebro, o corpo e os motivadores de desenvolvimento dele estão todos gritando para que ele se encaixe. Os psicólogos chamam esse processo de pertencimento de "aderência ao grupo de pares". É como se os adolescentes estivessem tentando colar a si mesmos aos seus grupos de pares. Segundo uma perspectiva evolutiva, isso faz todo o sentido, uma vez que se encaixar é uma forma de adaptação (se você faz parte de um rebanho, tem mais chances de continuar vivo e de encontrar um parceiro). Aprender a ler os sinais sociais é um mecanismo de sobrevivência antigo, ao passo que ser rejeitado pelo rebanho se torna uma ameaça existencial. E, como sabemos, quando instintos de sobrevivência estão em jogo, aquelas regiões aceleradas na parte inferior do cérebro de um adolescente são acionadas de tal forma que imagens de ressonâncias revelam que o cérebro adolescente registra a dor social com a mesma intensidade que o cérebro adulto registra a dor física. Reflita um pouco sobre isso. Quando um adolescente se sente humilhado ou excluído (ou apenas imagina que isso pode acontecer), o cérebro dele responde da mesma forma que responderia se ele tivesse se machucado fisicamente. Os adolescentes, genuinamente, sentem essa dor muito mais do que nós.

E, considerando o tanto que dói, não surpreende que eles tentem evitar ao máximo serem desaprovados pelos seus grupos de pares. Eles fazem isso de inúmeras e variadas formas; por exemplo: quando usam sempre as mesmas marcas que os amigos, quando seguem a maioria (mesmo sabendo que não é uma boa ideia). Outros tentam evitar a desaprovação optando por ficar longe dos holofotes e tentando não chamar muita atenção: nunca fazendo perguntas durante a aula, desaparecendo nos corredores da escola ou se escondendo no quarto em casa.

Tenho certeza de que, se o meu adolescente estivesse realmente tão incomodado com o que as pessoas pensam, ele tomaria mais banhos e sairia mais de casa. Não é porque valorizam seus grupos de pares que eles têm muitos amigos. Adolescentes sabem sempre muito bem a posição que ocupam na hierarquia social. Quando a aprovação é algo tão difícil e o sentimento de rejeição é sentido tão profundamente, deixar de fazer parte de grupos sociais e ficar no quarto (ou restringir as interações sociais ao celular ou aos jogos de videogame) parece ser uma estratégia perfeitamente válida para evitar a rejeição e para proteger um pouco do amor-próprio. Não se preocupar com o que se veste ou não tomar banho também são estratégias sociais, embora sejam táticas de defesa. Se ele está, por vontade própria, se excluindo e aparentemente não querendo fazer parte de um grupo, não pode ser rejeitado. Até mesmo para os adolescentes que se escondem no quarto continua existindo a pressão de aderência ao grupo de pares. Esses adolescentes são aqueles que podem ficar extremamente chateados e até mesmo violentos se não puderem estar online em uma determinada hora do dia para jogar um jogo específico de videogame com seus amigos da internet.

A maioria dos pais sente profundamente quando seus filhos têm dificuldades para se enturmar. Nós queremos desesperadamente ajudar. Porém, esse também é o momento em que é mais provável que o adolescente ignore nossa aproximação e rejeite nossas opiniões. Mesmo que o seu adolescente esteja com dificuldades para descobrir a própria identidade, aqueles motivadores de desenvolvimento mostram que ele ainda precisa sinalizar de alguma forma (para si mesmo ou para sua audiência imaginária) que ele não é mais a criança que costumava ser. E um dos jeitos mais fáceis de sinalizar isso é parando de participar das atividades familiares e rejeitar os interesses e desinteresses da família. O seu adolescente pode ainda não saber quem é, mas a única coisa que sabe é que ele definitivamente não é você, uma vez que, basicamente, tudo o que você é simplesmente está errado.

É proibida a entrada de pais!

Deixando de lado como é difícil ser rejeitado pelo seu adolescente (prometo que voltaremos a esse assunto no próximo capítulo), vamos refletir sobre por que os adolescentes tentam nos afastar. Um dos principais motivos, claramente, é o processo de formação de identidade, e diminuir as escolhas e características de alguém pode parecer uma forma rápida de afirmar a própria identidade. A motivação do adolescente pela independência é tão forte que com frequência sobrepõe a gentileza, a empatia e a consideração. Adolescentes podem ser bem cruéis. Pode ser que você ouça o seu fazendo um comentário maldoso sobre um dos amigos (falando de um jeito como nunca falaria se estivesse diante daquele amigo), ou vê-lo sendo cruel com o irmão mais novo. Ele provavelmente zomba de todas as suas escolhas, dizendo que são "sem graça", desde como você se veste, o seu vocabulário, até os lugares que frequenta. Se você tiver sorte, soará como uma brincadeira boba e não como uma tentativa de assassinato em massa. Agora, se não tiver tanta sorte (ou se tiver o hábito de checar o telefone dele), o pegará se referindo a você de um jeito muito mais brutal (o que pode surpreender você, principalmente se seu filho continuar sendo educado na sua frente).

Quando os adolescentes dizem essas coisas, raramente estão dizendo o que na verdade pensam. Às vezes é apenas uma forma de se posicionarem socialmente (*se eu falar isso vou parecer legal*). Outras vezes, estão testando uma opinião (da mesma forma que testam diferentes personas) para ver como ela será recebida. Na maioria das vezes, trata-se de uma forma de expressar como estão se sentindo ou reagindo naquele momento; um sinal de que seus lóbulos frontais se desligaram ou que suas amígdalas entraram no modo de resposta a uma ameaça.

Qualquer coisa que atrapalhe sua independência pode ser um gatilho para o mecanismo de resposta de ameaça do adolescente, incluindo os seus próprios sentimentos. Os adolescentes não deixam de nos amar, apenas perdem temporariamente a habilidade de tolerar nos amar. Por trás da postura "sai daqui" que adotam, eles nos amam profundamente e querem se sentir amados por nós, embora esses sentimentos sejam completamente incompatíveis com seus motivadores de desenvolvimento voltados para a separação. Amar você e receber o seu amor ainda é a coisa mais importante do mundo para o seu adolescente; mas, quando esses sentimentos vêm à tona, a tendência é que acionem o alarme neurológico dele. Aqueles sentimentos de amor infantis precisam sair do caminho para que o adolescente avance rumo à própria independência. É exatamente por que eles nos amam tanto e são tão apegados a nós que o ato de se separarem de nós costuma ser tão brutal, do contrário eles nunca conseguiriam (e você talvez nunca permitisse).

Esse é um conflito profundamente enraizado para os adolescentes, podendo gerar várias emoções e respostas confusas. Para alguns adolescentes, o jeito mais fácil de lidar com essa contradição é colocar um aviso de "É proibida a entrada de pais" na porta fechada do quarto e evitar completamente esses sentimentos confusos.

É claro que existe outro motivo pelo qual os adolescentes se escondem, embora talvez você não se sinta muito confortável de pensar sobre ele: sexo. Pensamentos e sentimentos relacionados ao sexo chegam a toda velocidade no início da adolescência. Quando estão pensando sobre sexo (e, durante certas fases, esse pensamento é quase uma constante em suas mentes), a presença física dos pais pode causar um enorme desconforto. Sexo e pais não se misturam. Nossos pais são nossos primeiros amores. Imagine ser um jovem adolescente heterossexual que ainda não consegue controlar seus impulsos sexuais, para quem os corpos femininos de repente se tornaram uma fonte de erotismo avassaladora (e que provavelmente sempre que tem oportunidade está à procura de pornografia). Imagine ser esse jovem e ter que ficar perto de um corpo feminino com quem trocou carinhos durante toda a vida, ao mesmo tempo que ter pensamentos sexuais sobre esse corpo é um grande tabu. Não é surpresa que o conflito interno seja grande a ponto de esse jovem não conseguir mais lidar e decidir fechar a porta e se afastar de tudo por um tempo.

Quando os pais são próximos de seus filhos é profundamente problemático, porque eles têm um vínculo forte, mas é um vínculo que ameaça o seu valioso senso de independência. Para a maioria dos adolescentes isso culmina em uma oscilação entre proximidade e distância. Uma hora eles vão querer um abraço para em seguida se retrair diante de você como se você fosse contagioso. O desenvolvimento das crianças não é linear, ele avança com base na tentativa e erro, na prática e na repetição. Às vezes o seu adolescente pode facilmente reassumir seu antigo posto dentro da família para estocar um pouco do tratamento amoroso do qual costumava desfrutar na infância. Mas ele nunca pedirá ou aceitará esse amor abertamente. E alguns adolescentes se isolarão quase que por completo, o que pode parecer durar um longo período de tempo.

A boa notícia é que o seu adolescente voltará a se aproximar de você e dos valores e hábitos que ensinou. Ele começará a tomar as próprias decisões sem sentir que precisa estar praticamente grudado aos amigos. E encontrará um senso de segurança suficiente para poder amá-lo e passar tempo com você novamente. Nesse meio-tempo, a sua função é manter um relacionamento com ele, e encontrar formas de contornar aquele gatilho sensível de resposta a ameaças para ajudá-lo a superar essa fase tão vulnerável que é a adolescência.

Porém, sejamos sinceros: para nós, pais, esse é um processo doloroso, e você precisará de uma boa dose de autocompaixão para conseguir passar por ele.

CAPÍTULO 2
NAVEGANDO PELOS DOLOROSOS ANOS DA ADOLESCÊNCIA

A adolescência é um período intenso e tumultuado. Porém os adolescentes não são os únicos que podem estar sentindo uma enorme confusão interior. A transição da infância para a fase adulta raramente é gentil com quem quer que esteja envolvido, incluindo os pais. Há tanta coisa em jogo: saúde mental, faculdade para escolher, possíveis profissões; e as implicações de uma escolha errada parecem gigantescas. Enquanto pais, queremos consertar tudo para nossos filhos; mas neste exato momento, quando os desafios são tão grandes, começamos a perder os nossos poderes mágicos. Já não conseguimos mais curar seus machucados com um beijo ou tomar decisões por eles.

Essa perda de poder pode ser repentina. Pode acontecer quando eles estiverem com 11 anos ou com 13. Um dia estamos cuidadosamente tentando desviar das peças de Lego espalhadas pelo chão de seu quarto e em seguida são tênis fedorentos, tigelas de cereal sujas e montanhas com todas as roupas de seus guarda-roupa que encontramos pelo caminho. Não é possível voltar no tempo e nos despedir das crianças que eles foram, elas não voltam mais.

Além disso, se os nossos adolescentes "recém-nascidos" começam a desrespeitar as nossas regras, podemos nos sentir completamente impotentes. As estratégias de disciplina que usávamos quando eram mais novos não funcionam mais. Não podemos mais colocá-los de castigo no quarto (eles já não saem de lá mesmo). Quando eles começam a ficar mais reservados, se exaltam ou se recusam a seguir nossas orientações, é difícil manter a calma e a perspectiva. Somos arrastados para discussões e padrões de comportamento que não ajudam em nada, mas não conseguimos enxergar uma alternativa.

Navegar pelos anos da adolescência passa tanto pela nossa capacidade de administrar nossas próprias emoções e reações e de adaptar a nossa forma de educar quanto pela trajetória de desenvolvimento dos nossos adolescentes. Para ajudá-los nessa transição, precisamos ser as rochas tranquilas, consistentes e não julgadoras em suas águas turbulentas, mesmo quando estejamos nos sentindo exatamente o oposto disso.

Todos os sentimentos ao mesmo tempo

A adolescência pode abalar todas as estruturas dos pais. A mudança repentina de nossos filhos de criança brincalhona para adolescente agressivo pode nos desestabilizar completamente. Talvez achássemos que estivéssemos fazendo um trabalho razoável nos últimos dez anos ou mais: as crianças estavam felizes, se comportavam bem e se esforçavam na escola; então, a adolescência chegou e tudo parece ter desmoronado.

Talvez seja por causa dos enormes riscos diante deles; mas a sensação é que a vida inteira dos nossos filhos está em jogo durante esse pequeno intervalo de tempo. Um desvio pelas drogas ou álcool, ou andar com a turma errada, pode manchar o futuro deles para sempre. Sem contar os perigos que os rondam na internet. Não conseguimos ver essas ameaças digitais, mas (ao contrário de nós) elas estabelecem uma conexão direta com a atenção dos nossos adolescentes. Estamos desesperados para guiá-los em segurança durante toda a jornada, porém aquela criança que costumava ser obediente agora rejeita abertamente todos os nossos conselhos, ou simplesmente para de nos escutar e nos ignora. E, assim, a nossa ansiedade aumenta.

Podemos sentir vergonha de que os nossos filhos tenham dado tão "errado", ou nos culpar, presumindo que a culpa pelas suas dificuldades seja nossa. Olhamos ao redor e vemos outros adolescentes se saindo bem. Rolamos o *feed* e vemos os registros de famílias felizes nas redes sociais: adolescentes jantando com seus pais ou passeando com eles, conhecendo novos lugares, sorrindo, enquanto os nossos não passam nem um microssegundo a mais conosco do que o estritamente necessário.

E ainda há o sentimento de luto pela criança com a qual passamos uma década convivendo e conhecendo. A criança que nos adorava e nos amava profundamente. Essa criança se foi para sempre, deixando em seu lugar uma versão maior e mais desajeitada de si mesma. A nossa companhia não é mais desejada. Não temos permissão nem mesmo para ficar perto dessa nova pessoa para ter um pouco de intimidade. Talvez ela seja sociável com os amigos, mas conosco se fecha por completo. É uma rejeição profunda vinda de uma das pessoas que mais amamos no mundo e para quem dedicamos o equivalente a uma vida de amor e cuidado.

Sentimos essa rejeição profundamente, e isso pode gerar sentimentos de raiva, fúria e tristeza. *Como eles ousam ser tão mal-agradecidos e desobedientes depois de tudo o que fizemos por eles e continuamos fazendo?* E, à medida que eles se isolam, continuamos tentando entrar cada vez mais em seu espaço privado para fazer valer nosso ponto de vista, porque sentimos que eles não nos ouvem, nem nos enxergam mais.

Às vezes enxergamos breves lampejos do jovem adulto incrível que eles podem se tornar, e ansiamos pelo momento em que se tornarão essa pessoa (chega logo, por favor). Porém, no momento seguinte, podemos ser surpreendidos pelo orgulho maravilhoso que sentimos pelo ser humano que eles são agora; eles podem não ser exatamente como vislumbramos em nossa mente, mas são admiráveis, extremamente leais; não desistem e seguem tentando, apesar dos inúmeros desafios que enfrentam. Podemos ver o quanto é difícil para eles e sentimos suas dores. E para alguns de nós, enquanto testemunhamos esse momento, as nossas próprias feridas da adolescência e as dores que enterramos vêm à tona e se somam às dores dos nossos filhos.

Não recebemos muita solidariedade de nossos adolescentes por nossas lutas interiores. Somos o lugar onde eles depositam todos os seus sentimentos, os bons e os ruins. Apesar de tudo mais que está acontecendo em nossas vidas — pais idosos, dificuldades financeiras, desafios na carreira, problemas de relacionamento, a montanha-russa de emoções que é a menopausa e as inúmeras noites maldormidas porque estamos preocupados e sentimos que não estamos fazendo nenhum progresso —, tentamos manter a calma e fazer a coisa certa.

RELATO PESSOAL

VIVENDO O LUTO PELA PERDA DA INFÂNCIA

Há dias que sinto tanta falta do meu filho adolescente que começo a chorar. Ele não foi para lugar nenhum. Ainda mora na minha casa. Eu o vejo todos os dias.

Mas ele não quer mais ficar perto de mim. Ele não quer falar comigo de jeito nenhum.

Eu tento fazer tudo certo. Respeito o espaço dele e tento aproveitar os breves momentos de conexão. Quando me aventuro a entrar na sua toca adolescente (ou quando ele é convencido a sair de lá porque está com fome, ou precisa de dinheiro ou de uma carona), faço tudo que aconselho outros pais a fazer: eu converso com ele, mas não sobre assuntos pessoais que farão com que se feche; sobre coisas banais do cotidiano, sobre o placar do jogo de futebol ou algo engraçado que vi nas redes sociais.

Mas eu consigo perceber que ele está pensando "Por favor, mãe. Só pare de falar e me deixe em paz".

Vejo que ele está contando os minutos até que eu saia ou pare de falar para que ele possa voltar para a importante tarefa adolescente que está fazendo: como ouvir músicas ou mexer nas redes sociais ou jogar um jogo bobo e entediante em seu celular.

Nossa, como eu sinto saudade do meu filho.

Sou mãe há dezesseis anos. De um jeito ou de outro, minha vida gira em torno dos meus filhos. Já recebi tanto amor, desfrutei de inúmeros momentos de conexão e passei muito tempo pensando como ajudá-los a crescer e a se tornarem adultos incríveis; mas agora estamos na reta final de sua infância e eu estou de luto, perdida e em prantos.

Estou de luto pela perda daquela mãozinha segurando a minha. Estou de luto pela perda do menininho que sentava no meu colo envolvido no meu abraço. Estou de luto pela perda de uma relação tão única e tão intensa.

Porque, agora, só há um de nós nessa relação. E um buraco enorme e vazio ficou no lugar.

Na maior parte dos dias, sei que vamos estabelecer uma nova relação quando ele superar esses desafiadores anos da

> adolescência. Racionalmente, sei que preciso dar um passo atrás e simplesmente agradecer pelos breves momentos de conexão. (Eu valorizo os abraços que ele me dá de repente quando não estou pedindo.) Na maior parte dos dias, sei que uma nova e preciosa conexão substituirá aquela que perdemos.
>
> Mas há dias nos quais eu simplesmente não tenho mais ideia de quem ele seja. E tenho medo de nunca mais ver o amor iluminando o seu rosto quando ele olha para mim.
>
> E, hoje, pensar nessa possibilidade me fez desabar.

Os pensamentos que nos derrubam

Esses são sentimentos poderosos. Eles não surgem do nada. Diante deles, pode parecer que essas enormes ondas de sentimentos de raiva e perda são causadas pelos nossos adolescentes. Mas quando olhamos mais de perto, e somos completamente honestos conosco, geralmente percebemos que são nossos próprios pensamentos e crenças os causadores desses sentimentos. Se queremos administrar esses sentimentos poderosos que acompanham a tarefa de educar um adolescente (para que possamos ser sua rocha e não aumentar a tempestade), precisamos analisar nossos diálogos interiores e os padrões de pensamento que causam esses sentimentos.

Pode ser difícil identificar os gatilhos para os nossos próprios pensamentos. Geralmente somos surpreendidos por nossas reações antes mesmo de notarmos nossos pensamentos. No geral, existem seis principais armadilhas de pensamentos nas quais os pais costumam cair. Leia a lista a seguir e veja se você se identifica com algum deles. (Lembre-se, ninguém está aqui para julgá-lo. Eu mesma, em algum momento, já caí em todas essas armadilhas; mas talvez você tenha uma favorita, em que cai com frequência.)

Eu chamo esses padrões de pensamento de "armadilhas" porque caímos neles com facilidade, temos dificuldade para nos libertarmos e eles tendem a alimentar dinâmicas nocivas.

Generalizar demais

"Generalizar demais" se torna uma armadilha quando chegamos a uma conclusão negativa com base em apenas um incidente. Por exemplo: imagine que seu filho adolescente chegue em casa depois da escola e mencione uma briga que teve com um dos amigos. Você começa a se preocupar com a possibilidade de ele estar infeliz na escola, ou que esteja sofrendo bullying (e não tenha contado para você), ou que esteja tendo dificuldades para fazer amigos e ficando isolado socialmente. Você generaliza uma conclusão negativa a partir de apenas um indício de evidência. Esse tipo de armadilha de pensamento geralmente é acompanhado de um sentimento de pânico de que tudo parece estar dando errado.

Pensamentos catastróficos

A armadilha do "pensamento catastrófico" é parecida com a do generalizar demais, mas tende a envolver preocupações que se desdobram até chegar a um futuro distante. Por exemplo: talvez você tenha descoberto que o seu adolescente de 15 anos está bebendo no parque com os amigos. Você, então, começa a se preocupar com a possibilidade de ele se viciar em álcool e depois em outras substâncias que podem afetar o desenvolvimento de seu cérebro, a ponto de não se formar na escola, nunca conseguir um bom emprego e de sua vida ser destruída pelo vício. Você entra em uma espiral de pensamentos que vai direto para o futuro e sente todo o peso daquele futuro imaginário caindo sobre o momento presente, tudo por causa de duas cervejas.

Nós, pais, ficamos mais vulneráveis a esse tipo de armadilha de pensamento quando identificamos fatores adicionais que parecem corroborar os nossos pensamentos catastróficos. Por exemplo: você descobre que o seu adolescente está bebendo, e ele tem TDAH, ou já tem dificuldade para controlar seus impulsos, ou existe um histórico de alcoolismo na família, ou talvez você apenas conheça alguém que começou a beber na adolescência e acabou nunca se dando bem na vida. Todos esses fatores extras somados, você começa a sentir como se tivesse apenas uma pequena janela de oportunidade para salvar seu filho de 15 anos de um destino terrível.

Deveria/não deveria

Nós, pais, podemos cair na armadilha do "deveria/não deveria" em qualquer estágio da educação de nossos filhos, mas é algo extremamente comum na adolescência. Geralmente acontece quando as nossas expectativas são frustradas. Podem ser as expectativas que temos para os nossos filhos, por exemplo: *Meu adolescente já deveria saber disso, ele tem 14 anos, deveria ser capaz de se lembrar de instruções básicas.* Ou podem ser expectativas com relação a nossa maneira de educar: *Eu deveria ser capaz de fazer o meu filho adolescente me ouvir.*

É justamente porque os adolescentes podem ter a aparência física de adultos (e porque já investimos mais de uma década ensinando a eles como se comportar) que costumamos esperar que se comportem como adultos. Quando eles não conseguem agir como tais (por todos os motivos descritos no capítulo anterior), podemos achar que isso reflete na nossa capacidade de educá-los. E quando, ao nosso redor, outros adolescentes parecem estar correspondendo a essas expectativas, pode parecer que o que está em jogo é o próprio caráter dos nossos filhos. Pode parecer que quando eles deixam de colocar a louça na lava-louças (de novo), eles estão se revelando pessoas essencialmente preguiçosas, sem consideração ou mal-educadas, em vez de serem apenas jovens em desenvolvimento, cujas cabeças estão focadas em outras prioridades e que erram de vez em quando.

Poder de ler mentes

Quando ficamos presos na armadilha do "poder de ler mentes", presumimos que sabemos o que se passa na cabeça dos nossos adolescentes sem que precisemos lhes perguntar nada. Por exemplo: você pode se preocupar com a possibilidade de o seu adolescente estar chateado com um problema de amizade quando na verdade ele não está nem um pouco incomodado com isso. Ou você presume que ele está gritando com você porque está sendo mal-educado, quando na verdade aconteceu alguma coisa na escola naquele dia que o deixou abalado.

Comparação

Todos já caímos na armadilha da "Comparação". Quando vemos outro adolescente se despedir de seus pais com um abraço antes daquela excursão da escola, enquanto o nosso nem ao menos faz contato visual conosco. Ou quando rolamos o *feed* de nossas redes sociais comparando a nossa realidade, na qual acreditamos estar fazendo menos do que poderíamos, com a vida perfeita daquelas fotos. Vemos adolescentes serem parabenizados por conquistas esportivas, comportamentos altruístas e talentos musicais; vemos pais se gabando das conquistas acadêmicas dos filhos, enquanto os nossos adolescentes passam todo o tempo livre jogando videogame ou assistindo a tutoriais de maquiagem, deixando para fazer todas as tarefas escolares na última hora. Até mesmo as fotos de férias de adolescentes que parecem estar se divertindo podem nos fazer sentir como alguém que acabou de levar um soco no estômago. *Por que o meu adolescente não está fazendo isso? O que há de errado com ele? O que eu fiz de errado?*

Se o seu adolescente está tendo problemas de autoestima ou de saúde mental, até os mais simples acontecimentos do dia a dia, como assistir a um jogo do time da escola sabendo que ele ficou em casa porque não conseguia ir (enquanto todos esses outros adolescentes estão ali sorrindo e dando risadas), podem ser gatilho para comparações que partem o seu coração.

O mundo gira ao meu redor!

Como todos os pais nos dias de hoje, amamos achar que somos extremamente importantes. Amamos receber os créditos pelo sucesso dos nossos filhos (e assumimos toda a culpa quando as coisas não vão bem). Queremos que nossos esforços sejam reconhecidos e valorizados, o que, quando se trata de adolescentes, é um pouco difícil. Não é que você não mereça ser valorizado — é claro que merece; a questão é que está procurando validação no lugar errado, esperando que ela venha de um adolescente. Adolescentes são extremamente egocêntricos (por todos os motivos que vimos no capítulo anterior!) e, como estão tentando se separar de nós e se tornar independentes, jamais reconhecerão que não teriam conseguido fazer algo sozinhos, sem a nossa ajuda.

Adolescentes também tendem a falar em termos definitivos. (*Eu te odeio! Você sempre faz com que eu me sinta mal! Você nunca me deixa fazer as coisas do meu jeito!*) Na maioria das vezes, estão apenas procurando palavras fortes para transmitir grandes sentimentos ou tentando comunicar que algo é realmente importante para eles. No entanto, quando nós, pais, ficamos presos na armadilha de "O mundo gira ao meu redor!", temos a tendência de interpretar essas palavras fortes como uma atribuição de culpa ou um ataque pessoal em vez de um apelo à sua compreensão. A verdade é que o mundo não gira ao seu redor, e isso nada tem nada a ver com você. Esse é um processo de desenvolvimento pelo qual o seu filho está passando. Alguns adolescentes são tranquilos, outros são difíceis, alguns não enfrentam dificuldades, outros enfrentam dificuldades demais; e não é necessariamente algo que tenha a ver com a sua forma de educar. Algumas coisas o impactarão, é claro, e pode ser difícil lidar com isso; mas quando você faz com que tudo gire em torno de você — suas emoções, seus medos, suas expectativas — fica muito mais difícil ouvir o que o seu adolescente está dizendo ou olhar para além do comportamento dele e enxergar o que está por trás dele ou como você pode ajudá-lo a seguir em frente.

Os ciclos que nos prendem

Se você leu sobre as seis principais armadilhas de pensamento e se reconheceu em todas elas, isso é um ótimo sinal. É sério, é excelente! Seria completamente irrealista se você nunca tivesse caído em nenhuma delas. Isso não é para julgar você nem para avaliar a sua forma de educar. É sobre identificar quais dos seus padrões de comportamento são úteis e quais não são; quais geram interações positivas e quais causam conflitos e mágoas. Essas seis principais armadilhas de pensamento tendem a acionar nossos medos e emoções mais profundos, e frequentemente nos levam a tomar decisões ruins em nossas interações com nossos filhos; por isso, é realmente importante que você tente aprender a identificá-las.

Nossa, mas o meu adolescente está sendo ingrato, ele não deveria me tratar assim. E drogas são perigosas! Eu não estou dizendo que esses pensamentos são mentirosos, apenas não ajudam.

Na verdade, é exatamente porque costumam estar baseadas em um fundo de verdade que essas armadilhas de pensamento podem ser gatilhos tão poderosos. Os perigos que os adolescentes de hoje enfrentam são reais, mas pensamentos catastróficos de que a vida deles será destruída por um desses perigos não costumam nos conduzir a ações eficazes. Por exemplo: uma cabeça cheia de pensamentos sobre todos os perigos que rondam a internet[6] está mais propensa a fazer com que comecemos a dar um sermão ineficaz (que será recebido com mau humor e revirar de olhos), em vez de iniciarmos uma conversa produtiva que dará aos nossos adolescentes o conhecimento e as ferramentas para que sejam capazes de se proteger na internet de forma responsável.

Quando nós, pais, ficamos presos em armadilhas de pensamento, os nossos botões de alerta emocional são ativados repetidamente. O nosso cérebro emocional assume o controle e ficamos presos em interações negativas que, ao invés de melhorar a situação, acabam criando um distanciamento entre nós e nossos filhos. Resumindo, nós nos exaltamos, mas nada muda.

> O que aconteceu? Era para você colocar a louça dentro da lava-louça. Já estou cansado(a) disso, você não faz nada nesta casa. Como você vai manter um emprego se não consegue se lembrar de fazer o básico? Você simplesmente não se importa com as outras pessoas, não é? Eu trabalho duro o dia inteiro para manter um teto sobre nossas cabeças, e é assim que você me agradece. Você já tem idade para saber fazer as coisas. A sua irmã limpava a casa inteira na sua idade.

---

6 Pornografia, drogas, aliciadores de menores, apostas, mensagens que incentivam a automutilação, golpistas — só para enumerar alguns desses perigos.

Você consegue identificar as armadilhas de pensamento?[7] Eu sei que adolescentes que não ajudam em casa geram uma enorme frustração, e você está certo em querer resolver esse problema. Mas, quando verbalizamos pensamentos negativos, geralmente ficamos ainda mais frustrados. Nós gritamos e nada muda. Gritamos mais alto e nada muda. Apelamos para as consequências e elas não funcionam. Então, subimos o tom: *Você não quer me ouvir? Então vai ficar sem seu celular por uma semana!* Lutamos para manter algum controle sobre o nosso adolescente em busca de independência, mas acabamos perdendo esse controle de todo o jeito e drenando toda a boa vontade que existia em nossos relacionamentos com eles, fazendo com que se tornem ainda menos propensos a nos ouvir da próxima vez.

---

7 *O que aconteceu? Não era para você colocar a louça dentro da lava-louça? Já estou cansado(a) disso, você não faz nada nesta casa* [**generalizar demais**]. *Como você vai manter um emprego se não consegue se lembrar de fazer o básico?* [**pensamentos catastróficos**] *Você simplesmente não se importa com as outras pessoas, não é?* [**poder de ler mentes**] *Eu trabalho duro o dia inteiro para manter um teto sob nossas cabeças, e é assim que você me agradece* [**o mundo gira ao meu redor**]. *Você já tem idade para saber fazer as coisas* [**armadilha do deveria/não deveria**]. *A sua irmã limpava a casa inteira na sua idade* [**comparação**].

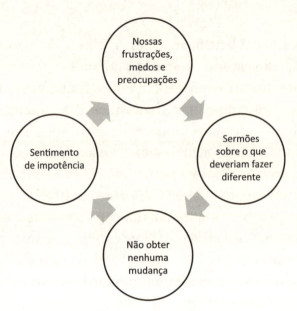

O ciclo das interações negativas

Toda vez que entramos nesse ciclo, a nossa relação com nossos filhos adolescentes se esvai ainda mais. Quando nutrimos sentimentos negativos em relação a eles, pode ter certeza de que eles detectam isso. Quando os desmerecemos em nossas afirmações catastróficas (*Desse jeito você nunca vai passar de ano!*), eles nos escutam e ficam magoados. Nossa opinião realmente importa para eles. E, quando já estão com dificuldade para acreditar em si mesmos, saber que achamos que eles estão fazendo tudo errado faz com que se sintam menos inclinados a nos dar ouvidos. Eles podem até mesmo decidir fazer por merecer o futuro negativo que atribuímos a eles.

Preocupações e pensamentos negativos são inevitáveis quando se é pai de um adolescente. A nossa obrigação é aprender a identificar esses pensamentos (debaixo das intensas emoções que eles provocam), respirar fundo e tentar pensar algo diferente no lugar, sem despejar esses pensamentos e medos em nossos adolescentes ou nos colocar no centro do drama. Essa é uma daquelas situações em que falar é fácil, difícil é fazer. Você cometerá erros enquanto aprende e está tudo bem. Apenas tente identificar esses erros e cometê-los cada vez menos.

RELATO PESSOAL

O DIA QUE ESQUECI DE SER A ADULTA DA RELAÇÃO E FIZ TUDO ERRADO (DIRETAMENTE DOS ARQUIVOS DO MEU CELULAR)

> Eu não sei por que você adora fazer com que eu me sinta mal, mãe. Eu não fiz nada de errado agora e mesmo assim você gritou comigo e depois começou a chorar. Eu desci para me desculpar (mesmo não tendo feito nada) e você continua sendo grossa comigo.

> Eu cheguei no meu limite com o seu mau humor e a sua raiva. Eu não aguento mais. Você não é o único que tem que lidar com emoções pesadas. Vê se cresce e seja mais gentil.

> Do que você está falando, mãe, o que você quer realmente dizer? Eu estava me oferecendo para fazer coisas aqui em casa para pagar pelo cinema e por algum motivo você começou a ser grossa e a agir como se eu fosse um inútil, dizendo que eu não vou fazer as coisas e falando comigo como se eu não fosse ninguém. Você sabe como eu me senti? Aí, fui para o meu quarto antes que eu ficasse com raiva e você simplesmente entrou aqui gritando.

> Mesmo que você não perceba tudo que eu faço por você e ou dê valor, poderia pelo menos fingir que está grato só para fazer com que eu me sinta bem.

> Eu sou grato, só não sei o que preciso fazer para demonstrar isso. Mãe, eu só tenho 16 anos.

Cinco regras de ouro para os pais de adolescentes

Como vou ser capaz de evitar todas essas armadilhas, controlar meus sentimentos e fazer tudo certo? Principalmente quando o meu adolescente nem fala comigo! O período da adolescência tem a reputação de ser difícil por um bom motivo. Envolve um novo nível Jedi de habilidades parentais.[8] Para ser bem-sucedido, você precisa alcançar altos níveis de calma, empatia e autorregulação; e você sentirá o peso de precisar adaptar a sua maneira de educar às necessidades do seu filho, que mudam constantemente à medida que ele cresce. Não estou dizendo que será fácil. Pode ser que seja um processo tranquilo ou pode ser difícil. Se você tentar seguir estas cinco regras de ouro, verá que elas facilitarão esse processo e garantirão que, no fim, você tenha construído uma boa relação com o seu jovem adulto.

---

8 Eu me deparei com o termo "Educação Jedi" (*Jedi parenting*) no livro de Lorraine Candy de 2021, *Mum, What's Wrong With You? 101 Things Only Mothers of Teenage Girls Know* [Mãe, qual é o seu problema? 101 coisas que só as mães de meninas adolescentes sabem, em tradução livre]. O termo captura perfeitamente os níveis de paz interior e sabedoria que os pais de adolescentes precisam alcançar!

1. Seja gentil consigo mesmo

Para muitos de nós, grande parte do nosso amor-próprio e sentimento de propósito vem dos papéis que desempenhamos enquanto pais. Quando nossos adolescentes começam a se afastar de nós, sofremos um forte baque. Pode ser que você se sinta velho, perdido, inseguro de sua identidade agora que seus filhos estão crescendo. Quando compartilhamos tanto amor e tempo com nossos filhos, nos separar deles — perdê-los — pode ser brutal. É normal ter esses sentimentos, mas saiba que eles diminuirão com o tempo até desaparecerem.

Enquanto isso, é essencial que você se responsabilize não só pelo seu papel nessa transição como também pela sua felicidade. Do contrário, ficará à mercê dos altos e baixos do seu adolescente. Esse é o momento de praticar a autocompaixão. Seja gentil consigo mesmo. Cuide de você, física e mentalmente. Proteja o seu próprio bem-estar e busque ter um pouco de alegria, porque agora também é o momento de se reinventar, de descobrir qual será a sua nova "versão" pós-filhos. Explore novas paixões, teste novos hobbies, se reconecte com amigos e encontre formas de aproveitar a vida, de se desestressar e ria (muito). Talvez o seu adolescente continue difícil quando você voltar para casa, mas você estará com as energias renovadas para tentar de novo. E, o mais importante, ao fazer a sua parte no processo de desenvolvimento do seu filho, você contribuirá para o processo de separação dele.

2. Controle seus pensamentos (para controlar seus sentimentos)

Se você quer manter a calma e agir com bom senso, você precisará controlar suas emoções e, para isso, precisará aprender a identificar seus pensamentos e questioná-los. Se você está reagindo emocionalmente ou se está preocupado exageradamente com o seu filho adolescente, preste bastante atenção às palavras que está usando dentro da sua cabeça. Você consegue identificar uma armadilha de pensamento? Por exemplo, se as notas do seu adolescente na escola estão caindo, talvez você esteja dizendo a si mesmo que ele está indo mal porque não se esforça o bastante, é preguiçoso, ou não entende a importância de ir bem na escola. Talvez esteja pensando que se ele não se sair bem na escola agora isso impactará no resto da vida dele. Agora observe o seu corpo. Que sensações físicas esses pensamentos causam? O seu coração está acelerado? A sua cabeça está pulsando? Você se sente pressionado a fazer alguma coisa? Como esses pensamentos e sensações o levam a agir? A entrar em uma competição para ver quem ganha no grito com seu filho? A confiscar os aparelhos eletrônicos dele? A ter uma noite insone?

Agora, faça uma pausa, respire fundo e imagine que você é outro pai ou mãe (diferente de você). Quais pensamentos alternativos esse outro pai ou mãe poderia ter nessas circunstâncias? Por exemplo, outro pai nessa mesma situação poderia pensar: *eu me pergunto o que será que está acontecendo com ele que está interferindo nos seus estudos.* Ou: *talvez ele não ache a escola interessante.* Se você tivesse esses pensamentos alternativos, como o seu corpo reagiria? Como esses pensamentos alternativos o levariam a agir?

Aprender a identificar e questionar nossos próprios pensamentos nos ajuda a ter perspectiva e a lembrar que não é o nosso adolescente que está provocando a nossa reação emocional, mas sim nossas próprias crenças sobre a situação. Quando aprendemos a flexibilizar nossa maneira de pensar e a examinar a situação de diferentes pontos de vista, podemos aprender a pensar antes de agir, a manter a calma e a ter mais cuidado ao lidar com nossos adolescentes.

3. Seja um exemplo do comportamento que deseja ver em seu filho

Eu não sei você, mas, quando vejo um adolescente cujo cérebro pensante está sendo controlado pelas suas emoções, fico irritada e a minha temperatura emocional começa a subir. Se eu não tomo cuidado, o meu próprio cérebro pensante se desliga também, E o resultado são duas amígdalas descontroladas reagindo uma à outra.

Não há nada de errado em ficar bravo, chateado ou furioso com o seu adolescente. Você é humano e não um santo. Mas, em vez de acionar aquele cérebro emocional primitivo, tente ser um exemplo para seu filho de como é possível lidar bem com emoções intensas. Afaste-se. Diga: *Estou muito bravo para conversar com você agora. Vou sair e me acalmar.* Ilumine o caminho e mostre a ele como se faz. Eu uso um mantra para me lembrar disso no calor do momento. O meu mantra é "Seja a adulta da relação"; mas sinta-se à vontade para usar qualquer mantra que funcione para você!

Se você não gosta da relação que tem com o seu adolescente agora, comece dando o exemplo do tipo de relacionamento que gostaria de ter com ele. Ocupe o espaço que gostaria que ele dividisse com você. Dirija-se a ele com educação e respeito. Demonstre gentileza por meio de pequenos gestos de cuidado. Esses gestos nem sempre serão valorizados (ou mesmo notados). Às vezes você receberá uma resposta atravessada com uma dose extra de desprezo. Seja o adulto da relação, releve os erros, perdoe. Mostre ao seu adolescente como ver o mundo do ponto de vista de outra pessoa e como fazer concessões. Quando você errar, peça desculpas e tente remediar a situação. Seja o adulto que você quer que ele se torne.

4. Transfira o poder

Procure sempre se lembrar daquilo que está motivando o comportamento do seu filho. O projeto de desenvolvimento de um adolescente gira em torno da independência. Isso quer dizer que é tudo uma questão de poder. Você detém o poder que ele deseja. Ele quer controlar a si mesmo e a própria vida — quer você considere que ele está pronto para isso ou não. Se você resiste, bate o pé e se mantém apegado ao poder, o seu adolescente virá e tomará as próprias decisões e tirará esse poder de você à força. A motivação para a *separação, autonomia, individualização* e *assimilação* irá acontecer com ou sem você.

Uma resposta natural quando perdemos a autoridade é tentar reafirmá-la com mais força: estabelecer regras, confiscar o celular, chamar a atenção e punir toda e qualquer desobediência ou falta de bom senso. Mas se você tenta impor o seu poder apenas pela sua força de vontade haverá conflito e danos. Alguns adolescentes são incrivelmente responsáveis e lidam com novas liberdades de maneira sensata. Outros gostam de correr riscos ou ficam cheios de medos, ou são simplesmente esquecidos e se distraem com facilidade. Qualquer que seja o perfil do seu filho, você precisará encontrar formas de transferir o poder de maneira positiva e permitir que ele cometa erros.

Se você conseguir demonstrar que está disposto a ser um participante ativo nesse processo de transferência de poder, terá mais chances de evitar conflitos, manter um bom relacionamento e estabelecer limites para o que realmente importa. Se puder, tente começar devagar, dando um pouco de liberdade de cada vez. Mas lembre-se: mesmo que seja aos poucos, isso ainda assim pode ser assustador para você (não é um compromisso real se não for um pouco desconfortável). Essa é uma situação semelhante à do ovo e da galinha. Quando transferimos um pouco de poder, sinalizamos para os nossos adolescentes que acreditamos que eles são capazes de ser responsáveis. Quando recebem algum poder, nossos adolescentes aprendem a lidar com essa responsabilidade.

5. Priorize o relacionamento em vez dos seus princípios

Talvez você não tenha mais o controle absoluto sobre o seu adolescente, mas ainda tem influência sobre ele. E quanto melhor for a sua relação com ele, mais você será capaz de influenciar as escolhas dele de maneira positiva. Por isso, sempre priorize manter essa boa relação em vez de manter seus princípios. É fácil falar, eu sei, mas difícil de fazer, principalmente quando o seu adolescente está respondendo com comentários irônicos ou fazendo exatamente o oposto daquilo que você pediu. Diante de um adolescente teimoso, fechado e obstinado, a nossa maior vontade é de bater de frente e forçá-lo a admitir que está errado, à custa daquela preciosa boa vontade que não será fácil recuperar.

Priorizar manter um relacionamento positivo em vez de fazer valer nossos princípios não é sinal de uma educação negligente. Provavelmente é a única esperança que temos de superar essa transferência de poder de um jeito relativamente pacífico. Não gaste todas as suas fichas parentais tentando microgerenciar pequenas coisas ou comprando briga por causa de comportamentos sarcásticos. Releve. Continue amando seu filho (e demonstrando isso) apesar dos erros dele; assim ele saberá que pode ser amado mesmo nos seus piores momentos. Ele ainda o ouvirá quando for importante, e você será uma influência melhor para encaminhá-lo na direção das boas decisões.

Quando o assunto é a adolescência, o que importa é a relação que mantemos com nossos filhos. Sendo assim, como você constrói uma relação com um adolescente que não quer saber de você? Bom, esse é o tema do nosso próximo capítulo...

CAPÍTULO 3
COMO PERSUADIR UM ADOLESCENTE RELUTANTE A PASSAR TEMPO COM VOCÊ

Adolescentes são vulneráveis em vários aspectos; precisam lidar com questões difíceis tanto interna quanto externamente. A melhor maneira de apoiá-los para que façam uma transição segura para a fase adulta é nos mantendo próximos e ao lado deles durante a caminhada por esses anos desafiadores. No entanto, manter um bom relacionamento com um adolescente que se isolou da vida familiar não é algo fácil. Relacionamentos florescem na base da confiança, comunicação, boa vontade e convivência; ou seja, tudo que pode estar faltando na relação entre adolescentes e seus pais. Um adolescente no modo isolamento está preparado para se esforçar ao máximo para evitar estar perto de seus pais. Neste momento, talvez você sinta como se estivesse sozinho nessa relação (ou esteja se sentindo tão cansado que prefere manter distância e evitar receber mais respostas atravessadas).

Se você quer construir um relacionamento com o seu adolescente, precisa ser realista. Isso não se resolve insistindo para que ele passe um número específico de horas com você (não existe uma equação simples que diga que X horas com a família = um adolescente feliz). Não vale a pena sonhar alto demais e esperar bom humor e uma conexão consistente com ele. Quando o assunto são adolescentes, conexão (e bom humor!) tendem a ser momentos passageiros, que não conseguimos prever e nem controlar.

Talvez um objetivo mais razoável seja simplesmente manter aberto o espaço deixado vago por seu filho na relação entre vocês. Ser gentil e estar sempre presente. Manter-se disponível, demonstrando que ainda gosta dele e está feliz de poder passar um tempo com ele. Não desistir, apesar da rejeição e do isolamento dele. Se você encontrar uma forma de manter o seu relacionamento com seu filho no modo automático — os rituais, os gestos, a gentileza e as concessões —, sem se desencorajar, não importa o quanto ele tente afastá-lo ou quantas vezes se recuse a participar; se conseguir fazer isso, então estará no caminho certo. Não podemos obrigar os adolescentes a querer passar um tempo conosco. Mas podemos dar o exemplo do tipo de relacionamento que queremos construir com esse novo jovem independente e deixar rastros de migalhas de pão que os levem de volta para o nosso carinho, o nosso apoio e a conexão que temos com eles, quando estiverem prontos para isso.

Não há dúvidas de que você precisará de muita paciência e índices olímpicos de autocontrole para fazer tudo isso; realmente se trata de um jeito Jedi de educar! A sua missão é construir um relacionamento enquanto isso está longe de ser uma prioridade para o seu adolescente, que está ocupado demais tentando sair dessa relação com você [*separação*]. Considerando que os quatro motivadores de independência estão a todo vapor, até mesmo a presença física dos pais pode ser uma fonte de desconforto para os adolescentes. Passar tempo conosco não é uma simples atividade para eles; envolve várias camadas de riscos. Há o risco de deixar de participar de uma interação na internet que é vital para o processo de aderência ao grupo de pares. Há o receio de que alguém importante os veja com os pais. E, mesmo que fiquem escondidos em casa conosco, há o problema do que a audiência imaginária de amigos poderia pensar deles.

Com todos esses conflitos acontecendo internamente, é inútil insistir para que o seu adolescente volte a ocupar o espaço que a versão infantil dele costumava ocupar nas atividades familiares. Se queremos convencer um adolescente a sair do quarto, precisamos encontrar maneiras de passar tempo com ele de modo a ajudá-lo a driblar seus sentimentos conflitantes. Ao mesmo tempo, não podemos atrapalhar o trabalho que ele está fazendo para construir sua identidade de jovem adulto. Precisamos estabelecer uma nova relação na qual ele se sinta amado e seguro, mas não como se ainda fosse uma criança.

Convencer um adolescente relutante a passar um tempo conosco exige fazer concessões, ter paciência e um pouquinho de sorte para pegá-lo em um bom momento.

"Você vai participar, quer queira ou não!"

No entanto, antes de chegar a esse ponto, há uma boa chance de você fazer um desvio por meio da estratégia "você vai participar, quer queira ou não". A maioria dos pais de adolescentes desmotivados tenta essa abordagem em um momento ou outro. A nossa resposta natural quando começamos a perder a autoridade é tentar reforçá-la ainda mais, usando todo e qualquer resquício de controle parental que possuímos para insistir que os nossos adolescentes façam o que queremos.

O problema dessa abordagem é que, se o seu adolescente estiver completamente determinado a não participar (que é o oposto de demonstrar um pouco de má vontade), então você abrirá caminho para vários conflitos e discussões desagradáveis. Lembre-se, independência é sinônimo de poder: você detém o poder e o seu adolescente quer tomá-lo [*autonomia*]. Tentar forçá-lo a fazer aquilo que ele não quer estabelece uma dinâmica de oposição. Para um adolescente que está empenhado em se declarar independente, isso faz com que ele sinta que só há uma jogada possível nessa disputa:

Pai: *Você vai fazer sim!*
Adolescente: *Não vou, não!*

O único jeito que ele tem para protestar o direito de escolher é enfrentando você. Sendo assim, mesmo que você consiga forçar um adolescente mal-humorado a ir à casa da avó ou ao parque de diversões ou ao casamento dos seus melhores amigos, há uma grande chance de que ele simplesmente siga reafirmando sua postura não cooperativa de todas as maneiras possíveis, e sabotando suas tentativas de ter momentos agradáveis em família, fazendo cara feia, se recusando a falar com os outros e insistindo em voltar para casa.

Se você está preso na armadilha do "você vai participar, quer queira ou não", vale a pena se perguntar por que é tão importante para você que seu filho participe dessas atividades.

- Será que tem a ver com o que as outras pessoas vão pensar?
- Você se sentirá julgado se ele não participar?
- Você está tirando conclusões sobre o seu filho a partir das recusas dele? (Afinal de contas, ele deve ser muito insensível e ingrato para não querer ver a avó, certo?)

Se as palavras "tinha que" forem usadas em alguma das suas respostas, então provavelmente você caiu em uma das armadilhas de pensamento (provavelmente na armadilha do "Deveria/ não deveria", misturada com um pouco de "Comparação" ou de "Pensamentos catastróficos"). Nesse caso, sua motivação não tem nada a ver com construir um relacionamento com seu filho, não é mesmo? Tem a ver com questões suas, com crenças de que precisa insistir, com todas as forças, para que seu filho participe porque, lá no fundo, você acredita que "bons" pais são aqueles cujos filhos querem passar um tempo com eles. (Isso não é verdade: bons pais têm todos os tipos de filhos adolescentes que você possa imaginar!)

Talvez você esteja tentando fazer seu filho participar de atividades em família porque acredita que isso será bom para ele; porque acredita que ele precisa se exercitar e respirar ar puro. Talvez você esteja certo. Mas, quando tenta forçá-lo a fazer isso apesar de toda a resistência, corre o risco de vê-lo se tornar ainda mais resistente e menos inclinado a ouvir a sua opinião sobre questões de saúde no futuro. Talvez você esteja tentando forçá-lo a participar na esperança de que, caso consiga fazer isso, quando chegar lá, ele irá parar com a encenação e aproveitar o momento; afinal, ele adorava essas atividades.

Se eu conseguir que ele brinque na cama elástica de novo, verei novamente aquele amor e aquela alegria inocente iluminarem o seu rosto!

Sinto muito lhe informar, mas isso não vai funcionar, principalmente se seu filho estiver determinado a resistir. Não importa o quanto seria bom para ele ou o quanto ele costumava gostar da cama elástica, ou de acampar, ou dos seus amigos Nick e Jo; para que ele consiga forjar a sua nova identidade independente, precisa tomar as próprias decisões e rejeitar tudo de que costumava gostar na infância, pelo menos por enquanto. É possível que ele cresça e se torne um jovem adulto que adora passar a noite dentro de uma barraca (na verdade, pesquisas mostram que adultos tendem a retomar muitas das atividades das quais gostavam quando crianças!) Mas, agora, você está remando contra a maré.

Se quisermos construir um relacionamento com esse adolescente recém-criado que está diante de nós, precisamos parar de tratá-lo como se ele ainda fosse a criança que conhecíamos, ou corremos o risco de afastá-lo ainda mais. Coloque-se no lugar dele. Como você se sentiria se alguém o obrigasse a fazer algo sob a justificativa de que a sua vontade não é importante e a sua opinião não é válida? Ou lhe dissesse que você irá gostar de algo quando você tem certeza absoluta de que não gostará? Você sentiria que essa pessoa o entende e está do seu lado? O adolescente diante de você não é mais a criança que gostava de brincar de acampar e de nadar no lago. Ele é uma nova pessoa; alguém que você precisa conhecer e que também precisa se conhecer e descobrir o que gosta e o que não gosta de fazer agora.

Manter-se firme em uma dinâmica de oposição com um adolescente causará um maior afastamento e criará mais conflitos ao invés de melhorar o relacionamento de vocês. E, com um adolescente cujas emoções estão no controle neurológico e cujo comportamento é pouco moderado pela mão orientadora dos lobos frontais, pequenos conflitos podem rapidamente escalar e criar mágoas e danos duradouros. Manter-se firme e insistir que seu filho faça ou não algo é uma estratégia parental que deve ser usada apenas para as questões realmente importantes, aquelas que ameaçam a saúde e o bem-estar dele, e não para decidir se ele irá ou não estar presente na festa de aniversário de 25 anos de casamento do Nick e da Jo.

RELATO PESSOAL

O CHURRASCO INFERNAL

O churrasco deveria ter sido um evento simples e tranquilo. Uma reunião para comemorar o fim da temporada esportiva do time da escola. Haveria salsicha, refrigerante, vários meninos da mesma idade e bastante espaço para correr. Como alguém pode não gostar dessas coisas?

O problema é que não era um evento do time do meu filho mais novo e sim do irmão mais velho. E ele *realmente* não queria ir.

Eu não queria discutir. Meu pai tinha vindo nos visitar e eu estava empenhada em ter uma noite divertida em família fora de casa. Minhas amigas estariam no churrasco com seus filhos, e eu queria que todos — elas, meu pai, inclusive eu mesma — nos vissem como uma família feliz. Na minha cabeça, eu estava lembrando dos churrascos de quando as crianças eram pequenas, e elas corriam sem parar e se divertiam para valer, enquanto os adultos bebiam vinho e tentavam se lembrar de como era ter uma vida social.

Em retrospecto, eu deveria ter negociado uma concessão, ou apenas deixado que ele ficasse em casa, porque ele *realmente* não queria ir. Em vez disso, cometi o erro de bater o pé e forçá-lo a ir. Eu disse àquele adolescente mal-humorado que ele iria, querendo ou não.

O resultado foi muito diferente do momento idílico em família que eu tinha imaginado. O meu filho de 13 anos se comprometeu (com uma admirável determinação) a sabotar a noite inteira apenas decidindo ficar o tempo todo sentado ao meu lado com a cabeça deitada sobre a mesa. Ele simplesmente ignorou todas as pessoas que falaram com ele (amigos, familiares e estranhos) em um protesto silencioso e obstinado.

> Meu pai ficou chocado, eu fiquei mortificada e todos ao nosso redor ficaram completamente sem graça.
>
> Hoje, quando olho para trás, entendo por que ele não queria estar lá. Eu estava pensando no churrasco pelo olhar de uma criança e não de um adolescente martirizado. O que o meu filho de 13 anos via era uma avalanche de ameaças:
>
> - meninos que não eram seus amigos, que eram mais velhos e cujas regras sociais ele não conhecia;
> - a possibilidade de que os meninos "errados" do grupo de amigos dele estivessem lá (que ou não eram populares o bastante para causar uma boa impressão, ou eram populares demais para serem legais com ele);
> - uma mãe que o colocava sob os holofotes, obrigando-o a cumprimentar as amigas ou o deixava sem graça com uma demonstração pública de carinho;
> - ter que responder a perguntas de desconhecidos;
> - saber que ele carregava todo o peso de expectativas familiares que não entendia, mas às quais tinha certeza de que não conseguiria corresponder.
>
> Ele fez a única coisa que poderia: fechou-se completamente. E eu terminei a noite em lágrimas.

Planejando juntos o tempo em família

Não estou sugerindo que você abandone completamente a ideia de incluir o seu adolescente nas atividades familiares. Os adolescentes podem agir como se não quisessem manter distância de nós, mas o sentimento de pertencimento e segurança que a família oferece funciona como uma rede de proteção importante em seus mundos turbulentos. Eles precisam saber que sua família ainda está por perto (ainda que não queiram), bem como que são amados e bem-vindos (não importa o quanto tentem nos afastar). É claro que devemos respeitar a mensagem escrita em letras garrafais na porta fechada de seu quarto ("Mantenha distância, eu não sou mais uma criança!"), mas isso não quer dizer que devemos obedecê-la à risca.

Você tem muito mais chances de conseguir convencer um adolescente a sair do quarto se oferecer escolhas e lidar com as decisões a partir de um espírito de colaboração e concessões. O ideal é que evitemos bater de frente com as regiões subcorticais do cérebro de um adolescente, que reagem de maneira emocional, e que em vez disso tentemos interagir com os seus lóbulos frontais, que são muito mais razoáveis. Uma das melhores formas que temos para fazer isso é tratando nossos adolescentes como se já fossem os jovens adultos independentes e maduros que eles estão lutando para ser.

Se está para acontecer um evento familiar que provavelmente causará conflito, não deixe para conversar com seu filho de última hora e simplesmente cruze os dedos para que ele reaja bem. Mencione o evento com antecedência. Sinalize desde o início que você sabe que ele — com toda a razão — pode não se sentir tão empolgado com a ocasião quanto você. Quando nos antecipamos e damos voz às resistências deles primeiro, reduzimos a necessidade que eles sentem de reforçá-las por meio de seu comportamento, e aumentamos a chance de a conversa não ir para outro caminho. Se conseguirmos também reduzir o alto nível de ameaças causadas por esse evento, sinalizando para nossos filhos que eles têm poder de escolha, talvez consigamos não chamar tanta atenção de suas amígdalas hipersensíveis para que não reajam com uma resposta de luta-ou-fuga. Você poderia dizer, por exemplo:

COMO PERSUADIR UM ADOLESCENTE RELUTANTE A PASSAR TEMPO COM VOCÊ

É aniversário da vovó no mês que vem e ela está planejando uma reunião na casa dela. Eu sei que provavelmente não é o programa de final de semana ideal para você. Mas a vovó gosta demais de você e seria ótimo se conseguíssemos pensar em uma forma de participar para que ela saiba que você se importa com ela. Que tal se pensasse um pouco para ver se consegue encontrar alternativas que funcionariam tanto para você quanto para ela?

Quando introduzimos o problema e deixamos que eles pensem a respeito, talvez sejamos capazes de evitar uma resposta emocional ou defensiva. Se houver qualquer questão que você considera inegociável (relacionada à segurança, por exemplo), deixe isso claro para seu filho, porém aborde o assunto dentro do mesmo espírito colaborativo de resolução dos problemas.

Eu não gostaria que você ficasse em casa sozinho porque vamos passar a noite fora, mas estou aberto(a) a outras sugestões. Gostaria que encontrássemos uma solução que funcionasse para todo mundo.

Agora, saiba que não é só porque você está apelando para a parte pensante do cérebro do seu filho e o tratando com respeito que a recíproca necessariamente será verdadeira; e que não há garantias de que vocês não entrarão em conflito no fim das contas. O desenvolvimento tardio do córtex pré-frontal no cérebro dos adolescentes pode fazer com que tarefas que envolvem planejamento, tomada de decisão e organização sejam muito mais desafiadoras para eles do que para um adulto, o que também não significa que você não deva insistir. Praticar uma tarefa fortalece as redes neurais necessárias para a realização dessa mesma tarefa. Quando nós os tratamos como os tomadores de decisão responsáveis e independentes que gostaríamos que se tornassem, estamos fazendo o que o psicólogo Dr. Adam Price chama de "educar olhando para o futuro"[9] e oferecendo o que educadores chamam de "sustentação", uma estrutura externa que apoia uma estrutura instável enquanto algo está sendo construído em seu interior.

Tente continuar sendo o córtex pré-frontal adulto no recinto e oferecendo modelos de como agir durante esse processo, mesmo que o seu adolescente tente sabotar a conversa. Aceite qualquer sugestão que ele proponha e permita que ela seja levada em consideração e discutida.

> Filho: A minha sugestão é que você poderia simplesmente me dar um tempo, me deixar quieto aqui no meu canto para que eu possa seguir com a minha vida!

> Pai ou mãe: Bom, eu consigo entender por que você gostaria disso. Mas não vejo como isso nos ajuda a encontrar uma solução que funcione para nós dois e para a sua avó. Por isso é melhor procurarmos uma solução alternativa.

Mesmo que ele sugira uma coisa que você acredita que obviamente não irá funcionar, respeite essa sugestão. Lembre-se de que o cérebro de um adolescente está constantemente em alerta para identificar ameaças à sua autonomia e que, se você desmerecer as sugestões dele, esse alarme neurológico soará.

> Então, o que você sugere é ficar em casa e chamar o Sam para dormir aqui? Bom, eu consigo entender como isso funcionaria

---

9 O Dr. Adam Price é o autor do livro *He's Not Lazy: Empowering Your Son to Believe in Himself* [Ele não é preguiçoso: Ajudando seu filho a acreditar em si mesmo, em tradução livre], lançado em 2017.

COMO PERSUADIR UM ADOLESCENTE RELUTANTE A PASSAR TEMPO COM VOCÊ

para você, mas não fica claro para mim como você deixaria a sua avó feliz se fizesse isso. Além do mais, não resolve a questão de como mantê-lo seguro, que é importante para mim. Tenho certeza de que existe uma alternativa possível, mas teremos que trabalhar juntos para que ela satisfaça a nós três.

Não trate as objeções do seu filho como algo trivial, principalmente se elas estiverem relacionadas com coisas que ele gostaria de fazer com os amigos. Para você pode parecer que eles passam cada segundo do dia conversando com os amigos (você só está pedindo duas horas desse tempo!); mas, para um adolescente, o medo de ficar de fora, que em inglês é chamado de FOMO (*fear of missing out*), é uma das maiores ameaças de todas. Até mesmo a possibilidade de que eles possam vir a deixar de participar de algo que ainda nem é certo que aconteça pode fazer soar os alarmes neurológicos deles e desencadear uma discussão. Mantenha o foco sempre na tarefa de pensar soluções em vez de se deixar levar por um debate sobre se as objeções do seu filho seriam válidas ou não.

Quando estamos lidando com um adolescente reticente, talvez precisemos fazer as nossas próprias sugestões para mostrar como se faz. Provavelmente essas sugestões serão rejeitadas (uma vez que foram sugeridas por você); por isso, não comece dando logo a sua melhor cartada! E, quando o adolescente se mostrar desinteressado nessa interação, talvez seja útil usar o fato de ele se sentir desconfortável na sua presença para superar esse comportamento de esquiva e gentilmente insistir no assunto.

Eu sei que você não me quer dentro do seu quarto, e que estou atrapalhando. Mas precisamos pensar no que vamos fazer sobre o final de semana de aniversário da vovó, para que possamos começar a planejar. Posso continuar aqui, agora, para conversarmos a respeito ou podemos combinar um horário para conversar sobre isso depois do jantar.

Essa abordagem colaborativa para solucionar problemas não funcionará todas as vezes. Você precisará manter a calma, ser paciente e demonstrar que está disposto a ceder (e lembre-se: se você não sai da zona de conforto, não está realmente cedendo). Talvez a solução não resulte em você conseguir passar mais tempo com o seu adolescente naquela ocasião. Mas sempre tenha em mente o nosso objetivo de longo prazo; que é manter a porta aberta para uma relação gentil e solidária e convidá-lo para entrar. Planejar colaborativamente com o seu adolescente não funciona apenas para um evento específico; isso é em si mesmo um ato de construção de relacionamentos: você o está tratando como um jovem adulto independente e fazendo uma tentativa de se conectar com ele em um esforço conjunto.

Se a situação sair do controle, ou você não conseguir manter a calma, dê um tempo. Não ceda à tentação de insistir se a conversa desandar. Se a parte errada do cérebro dele (ou do seu!) estiver no controle e decidir entrar no modo de guerra ou se você se vir enfurecido pela recusa de seu filho a interagir, respire fundo e dê um tempo. Tente de novo em outro momento. Não é porque não dá certo uma vez que sempre dará errado. Continue praticando. Se você levar a sério as sugestões e mostrar que respeita a opinião dele, estabelecerá o tom para um novo relacionamento. Também desenvolverá um modelo sobre como ter conversas focadas na solução e orientadas pelo lóbulo frontal, que será realmente útil quando tiver que lidar com os vários outros tropeços que acontecerão durante esses anos desafiadores da adolescência!

COMO PERSUADIR UM ADOLESCENTE RELUTANTE A PASSAR TEMPO COM VOCÊ

Faça concessões (tente fazer do jeito deles!)

Provavelmente será preciso mais do que a presença do seu filho no aniversário da avó para manter o relacionamento entre vocês forte. Um pouco de tempo juntos a sós pode ser uma ótima forma para que vocês mantenham o contato para lembrar o seu adolescente de que você está do lado dele. Quando os adolescentes se isolam no quarto, geralmente abandonam seus antigos hobbies, por isso passamos a querer fazer o possível para que seu mundo não fique pequeno demais. As coisas que eles fazem nessa idade — hobbies, alimentação, exercícios, passeios — contribuem para moldar seu cérebro e seu futuro.

Tentar planejar um tempo a sós com os nossos adolescentes é um pouco como tentar passar tempo com um amigo extremamente complicado; aquele amigo que não gosta de andar de metrô, mas que não dirige à noite; que só come frango (mas não ensopado); que não sai de casa antes das onze da manhã e que cancela de última hora se estiver chovendo ou passando um jogo de futebol na televisão. Não compensa remar contra a maré quando o que você quer é vê-lo.

Não há motivo para não usar a abordagem colaborativa para planejar um momento a sós com um adolescente relutante.

É feriado semana que vem. Eu sei que passar um tempo comigo não é uma prioridade sua, mas eu gostaria muito que fizéssemos algo juntos. Pode escolher o que vamos fazer. Pode ser uma coisa que dure o dia todo, como passear no shopping ou talvez ir a um spa. Ou poderíamos fazer algo simples, como levar o cachorro para dar uma volta ou assistir a um filme. Você decide, mas eu realmente gostaria que nós fizéssemos algo juntos. Pense um pouco e fique à vontade para sugerir outras atividades. Eu pensei em várias coisas, mas provavelmente você irá preferir escolher o que vamos fazer.

No entanto, pode ser que você descubra que simplesmente perguntar, "Você gostaria de ir ao cinema hoje à noite?" funciona melhor com o seu adolescente.

O que quer que você escolha fazer, lembre-se de que flexibilidade e expectativas baixas são essenciais. Para cada dez sugestões que você fizer para poder passar um tempo com um adolescente, espere receber nove recusas. Mesmo quando ele concordar em passar um tempo com você, existe uma grande probabilidade de que ele cancele ou tente arrumar alguma desculpa de última hora para não seguir com o planejado. Seja o mais compreensivo possível. Tente criar quantas pontes puder para ter um relacionamento positivo com ele. A probabilidade de vocês aproveitarem o tempo juntos e de ele estar disposto a repetir a experiência será muito maior se você se mostrar flexível e disposto a levar em consideração as necessidades e interesses dele. Talvez isso implique sair um pouco atrasado, parar para tomar café da manhã no caminho e ter que voltar mais cedo do que você gostaria. Talvez signifique ter que ir a uma loja de games em vez de a uma exposição de arte e optar por almoçar no drive-thru e não no restaurante mais saudável que você tinha pensado. Talvez envolva ignorar uma quantidade enorme de comportamentos irritantes. Além disso, há uma grande chance de que seu filho esqueça algo importante (apesar de todos os seus avisos) ou o deixe em cima de um banco. Ele pode, inclusive, sugerir ficar o tempo todo a três passos de distância de você e provavelmente demonstrar bem menos gratidão do que você merece, bem como passar o tempo todo com cara de quem não está se divertindo nem um pouco.

A sua função é sustentar a serenidade, focar nos pontos positivos e manter as engrenagens do relacionamento de vocês girando. Adolescentes que estão no modo isolamento não demonstram muita aprovação ou entusiasmo. Se ajudar, pense

COMO PERSUADIR UM ADOLESCENTE RELUTANTE A PASSAR TEMPO COM VOCÊ

naquela atitude de desaprovação como uma armadura. A possibilidade de que estar com você o deixe feliz gera um enorme conflito interior para um adolescente que está pedindo a *separação*. Parecer mal-humorado ou distante por fora é um ótimo truque psicológico que o ajuda a contornar esse conflito e, mesmo assim, estar junto de você. E é isso que precisamos que aconteça. Aquele comportamento desinteressado não necessariamente significa que ele não está se divertindo (embora possa afetar a sua capacidade de se divertir, se você se deixar abalar por isso!). Quando voltamos de uma viagem de férias na qual meu filho adotou uma atitude negativa e obstinada o tempo inteiro e se recusou a sentar na mesma mesa que nós nos jantares, eu o ouvi contando para os amigos durante um jogo online no computador sobre a praia, a piscina, a comida e todos os passeios incríveis do lugar. Ele sempre se refere a essa viagem como a melhor que já fez (enquanto eu ainda penso nela como a viagem que quase matou meu instinto materno!)

Não permita que qualquer comportamento negativo o faça cair na armadilha do "Deveria/Não deveria". Isole o seu próprio sentimento de revolta e procure pelas pequenas recompensas em meio a todo aquele mau humor e revirar de olhos (simplesmente releve). Lembre-se de que passar um tempo a sós com um adolescente é necessário para lembrá-lo de que você ainda está lá, ainda se preocupa e está guardando o lugar dele no relacionamento de vocês. Se você conseguir ser flexível e dançar conforme a música durante o tempo que passarem juntos, terá mais chances de encontrar aquelas pequenas pontes que levam à conexão. Eu sei, ele pode ter reclamado o tempo todo enquanto subia aquela montanha. Pode ter reclamado do clima, do sapato, até mesmo de ter que estar lá. Mas aquele único momento quando vocês ficam em pé admirando a vista do topo da montanha e ele se aproxima de você para se proteger do vento e aceita um abraço, esse é o momento para guardar no coração e valorizar. Esse é o momento para reviver na sua cabeça e extrair tudo o que puder desse instante de proximidade que diz *Eu sei que você segue ao meu lado*. Esses são os momentos que importam.

Os pequenos momentos são os mais importantes

No fim das contas, relacionamentos são construídos a partir de momentos e não de dias perfeitos. São os pequenos momentos de interação que costuram o tecido de um relacionamento. Geralmente essas interações não são planejadas nem incentivadas, e às vezes seu filho nem precisa sair do quarto. São os pequenos momentos que acontecem quando ele entra na cozinha para assaltar a geladeira (ou encarar, perdido, a prateleira de comida), ou quando você coloca só a cabeça dentro do quarto dele para dizer que o jantar está pronto, ou quando passa por ele no corredor. Essas são as micropontes que cruzam o caminho da desconexão adolescente. Elas podem não parecer muita coisa, mas, quando estamos tentando construir o relacionamento com alguém que está evitando a nossa companhia, esses pequenos momentos compartilhados são verdadeiramente importantes.

Aproveitar ao máximo esses momentos requer uma certa leveza. Se você é pai ou mãe de um adolescente que fica enfurnado no quarto pode ficar tentado a aproveitar cada breve interação para passar todos os ensinamentos que guardou pelas últimas 23 horas e 59 minutos. Nós aproveitamos a oportunidade para lembrá-los do dever de matemática, checar se arrumaram o quarto, reclamar de um bilhete da escola que foi perdido ou para descarregar todas aquelas questões parentais que reprimimos porque nunca conseguimos vê-los. Recorremos à abordagem de interação de "agarrar-e-não-soltar", que faz com que os nossos adolescentes tão sensíveis às críticas se isolem ainda mais. Eles aprendem a nos evitar cada vez mais. E na próxima vez que nos encontram no corredor as suas defesas neurológicas já estarão preparadas e eles ficarão na defensiva antes mesmo de você começar a falar.

Não quero dizer com isso que aqueles avisos parentais sobre tarefas escolares e bilhetes da escola não devem nunca ser dados (mas no Capítulo 6 explicarei por que provavelmente é melhor que você evite fazer isso com frequência!); porém, se a nossa prioridade é manter o relacionamento com os nossos adolescentes, e temos apenas uma breve oportunidade de fazê-lo, então usar esse momento para construir esse relacionamento pode ser a melhor escolha. Usar esse momento para lembrar seu filho não da tarefa da escola, mas da sua presença encorajadora e manter aquela chama acesa, para quando ele precisar de você. Pode ser apenas um sorriso, um "bom-dia", um comentário sobre o clima ou o cachorro, uma pequena brincadeira, um elogio; o que quer que sirva como ponte para diminuir a distância entre vocês.

Passar um tempo com o seu filho nem sempre tem a ver com convencê-lo a fazer alguma coisa; também tem a ver com aproveitar esses momentos quando os seus caminhos se cruzam, durante essas incursões essenciais ao mundo que eles não conseguem evitar. Para muitos de nós, pais, o tempo que passamos levando nossos filhos para os lugares oferecem as principais oportunidades de conexão. Esses momentos no carro quando, se for uma boa hora, vocês podem conversar. Aquele pouquinho de boa vontade gerado quando você o ajuda com uma carona de última hora. Às vezes, construir uma ponte para cruzar o abismo até um adolescente isolado não significa tentar atraí-lo para fora do quarto. Está na forma como você coloca a cabeça pela porta para dizer "boa-noite", a mensagem que manda para dizer "muito bem", o biscoito favorito que compra no supermercado para atraí-lo até a cozinha. Esses pequenos gestos e momentos podem às vezes surtir efeito em um período em que aceitar a nossa presença ou o nosso amor é muito difícil para ele.

Se não der certo hoje, tente de novo amanhã

O que eu gostaria de oferecer a você agora é uma lista de sugestões incríveis que com certeza vão convencer seu filho a sair do quarto e desfrutar da sua companhia. Eu juro que realmente tentei compilar esta lista. Eu pesquisei e conversei com um especialista: meu filho que adora ficar no quarto. Eu tinha a esperança de que ele fosse dar várias sugestões de atividades voltadas para adolescentes que eu poderia embrulhar para presente e dar a você. Mas quando perguntei que sugestões provavelmente funcionariam para tirá-lo do quarto e fazê-lo interagir com a família, ele ficou confuso. Simplesmente não soube responder.

Eu reformulei a pergunta:

— O que eu poderia propor que provavelmente faria com que você passasse um tempo comigo ou participasse de alguma atividade com o restante da família?

— Depende — ele respondeu.

Eu tentei de novo (ele não é de falar muito, na maioria das vezes).

— Depende do quê? Qual é a diferença entre quando faço uma proposta e você aceita e quando sugiro algo e você recusa?

Nesse momento, o rosto dele se transformou. Tínhamos encontrado um ponto em comum.

— Depende do meu humor naquele momento — ele disse. — Se eu não estiver disposto, não importa o que você diga ou proponha.

Eis a questão principal: o momento certo é crucial. Não é porque o seu filho recusa da primeira vez que isso significa que é uma má ideia ou que não vale a pena tentar de novo (e de novo e de novo...). Há dias em que uma sugestão banal irá fazer com que o adolescente saia do quarto e interaja sem fazer esforço nenhum, enquanto em outros nem a melhor sugestão do mundo funcionará.

Algumas sugestões de outros pais que podem funcionar

Sendo assim, tendo em mente a ressalva que acabei de fazer, apresento uma lista com sugestões que podem funcionar como ponto de partida. Porque, obviamente, não existe uma sugestão ideal que será capaz de fazer com que todo adolescente aceite passar um tempo com seus pais de boa vontade. Você é quem melhor conhece o seu adolescente; se sentir que esse não é o caso agora, então, tentativa e erro é uma boa forma de seguir em frente. No auge do isolamento, um dos meus filhos adolescentes aceitava de boa vontade viajar para fazer trilhas, mas em hipótese alguma aceitava se sentar para fazer uma refeição em família por mais de dez minutos. (Nós comemos menos refeições juntos do que eu gostaria, mas tenho lembranças incríveis que criamos juntos quando ficamos encharcados nas montanhas do País de Gales!)

Talvez o seu adolescente tenha alguma paixão que abra o caminho: moda, futebol ou quem sabe salvar o planeta? A adolescência é um período intenso e criativo, e, se você conseguir encontrar uma forma de compartilhar (ou pegar carona) as paixões do seu filho, ótimo. Mas se não conseguir, as sugestões a seguir (de pais que passaram pelas mesmas coisas) podem oferecer alguma inspiração. A lista vem acompanhada de uma grande ressalva, é claro: se o seu filho não estiver disposto, provavelmente nada fará com que ele saia do quarto; mas não desista, porque amanhã essa mesma sugestão pode funcionar.

Comida

A comida é um ótima isca para atrair adolescentes e fazer com que eles passem tempo conosco. Alguns adolescentes podem ficar tentados a aceitar uma ida ao seu fast food favorito. Eu sei que esse provavelmente não é o seu ideal culinário, mas o objetivo é passar tempo com ele, e não o teor nutricional da refeição; por isso, esteja preparado para fazer concessões.

DICA DOS PAIS

"Procure sempre sugerir o fast food favorito dele para que ele sinta que está em um local onde se sente seguro; mas sugira uma franquia mais longe, onde há menos chances de vocês encontrarem os amigos dele."

Comer fora de casa não é apenas uma boa forma de fazer com que os adolescentes saiam do quarto, mas também pode romper o padrão daquelas discussões repetitivas durante as refeições (sobre as tarefas da escola, o quarto dele etc.), que deixam todos exaustos, além de estimular novas conversas simplesmente porque o ambiente é diferente e há outras pessoas em quem se concentrar.

> ## DICA DOS PAIS
>
> "Procure um lugar no qual ambos possam ficar de frente para a janela. Eles ficam mais propensos a conversar se você não estiver olhando para eles, e assim você também terá ideias de outros assuntos para manter a conversa."

Em casa, compre uma sanduicheira e um *mixer* (chame-o de fazedor de milk-shake, se ajudar). Procure por utensílios de cozinha que façam lanches fáceis, de que os adolescentes gostem e que sejam fáceis de preparar, ao mesmo tempo que sirvam de incentivo para que o seu filho passe mais tempo "assaltando" a cozinha nem que seja alguns minutos preciosos a mais do que de costume. Qualquer coisa que incentive um adolescente a permanecer na cozinha aumenta o potencial para momentos de conexão. Da mesma forma, encorajá-lo a cozinhar pode atraí-lo para a cozinha, onde você pode resolver passar casualmente e conseguir trocar algumas palavras!

> ## DICA DOS PAIS
>
> "A chegada das compras semanais do supermercado sempre atraía os meus dois adolescentes para a cozinha, que corriam para garantir as coisas gostosas antes que acabassem!"

Fazer refeições em família regularmente é uma tradição que vale a pena ser mantida, mas não necessariamente precisa ser o jantar. Talvez um brunch no domingo tenha menos chances de coincidir com os outros planos do seu adolescente, bem como uma oportunidade mais tranquila para que vocês possam comer juntos, e o faça se sentir um jovem adulto. Sentar-se à mesa de frente para alguém que está fazendo perguntas pode ser desagradável (até mesmo torturante) para um adolescente que não está tanto na defensiva; por isso, pense em disposições menos formais à mesa. Talvez tomar café da manhã na bancada? Se a situação estiver realmente ruim e você sentir que não há como se conectar com seu filho, use aquele *mixer* você mesmo, ou faça um chocolate quente e leve até o quarto dele. Se ele estiver na defensiva, você não precisa dizer nada; apenas entregue a bebida e deixe que o chantili e os marshmallows construam uma pequena ponte por você.

DICA DOS PAIS

"Minha filha e eu costumávamos assistir juntas à competição culinária *The Great British Bake Off* e todas as semanas cozinhávamos juntas. Às vezes ela não estava com vontade de cozinhar, então eu cozinhava sozinha e ela era a jurada do prato."

Filmes/televisão

Assistir televisão juntos é provavelmente a principal dica que recebo de pais de adolescentes. Assim como a comida, a televisão oferece um ponto focal que tira a pressão sobre os adolescentes (uma vez que eles deixam de ser o centro de escrutínio). Assistir TV demanda pouco deles e permite que engajem como quiserem. Além disso, por estarem em casa eles têm a opção de voltar para o quarto quando quiserem, o que diminui o nível de ameaça e aumenta as chances de que seu filho relaxe e baixe a guarda.

DICA DOS PAIS

"Minha filha costumava ficar trocando mensagens de texto com as amigas durante o programa, todas estavam assistindo ao mesmo tempo. Mas eu não me importava, porque ela conversava comigo também. Tenho certeza de que as suas amigas não faziam ideia de que eu estava lá também."

Não seja esnobe e assista ao que quer que eles considerem interessante (a televisão oferece muita informação que os adolescentes estão pensando e sentindo naquele momento!). Mesmo que não exista a possibilidade de que os amigos do seu filho o vejam sentado com você na sala, pode ser bom para ajudar a aplacar a "audiência imaginária" se você assistir a algo que os amigos dele aprovariam. Se o seu filho está assistindo a reality shows como *Big Brother*, *MasterChef* e *Casamento às Cegas*, assista com ele. Esses programas que costumam girar em torno de pessoas com personalidade forte e dinâmicas sociais, tendem a funcionar bem; quanto mais interessante e mais discussões o programa levantar, melhor.

DICA DOS PAIS

"Um dos nossos programas favoritos era *Catfish*, na MTV, porque estimulava várias conversas sobre o fato de que as pessoas nem sempre são quem aparentam ser e de que os relacionamentos nem sempre dão certo como gostaríamos. Era realmente incrível. E eu nunca teria assistido se não fosse pela minha filha."

Em caso de dúvida, escolha algo engraçado. Só a oportunidade de vocês poderem rir juntos sem precisar conversar já é uma grande vitória. Rir junto com os nossos adolescentes ativa emoções positivas e envia um sinal poderoso de que estamos nos divertindo na companhia deles, o que é ótimo para a sua autoestima e ajuda a manter aberto um espaço acolhedor para eles dentro de seu relacionamento conosco.

Fazer compras

Vários pais e mães saem para fazer compras com seus filhos adolescentes para passar um tempo com eles. Se você é quem detém o dinheiro, isso instantaneamente o torna uma companhia desejável, o que pode ser uma enorme tentação para os pais que são constantemente rejeitados quando tentam interagir com seus filhos. Há também o aspecto negativo dessa estratégia: fazer compras pressupõe gastar dinheiro, logo, não é uma opção muito viável para a maioria de nós. Mas, se for algo que vocês dois gostam de fazer, ou se o seu filho fica feliz em só passear pelo shopping e olhar as vitrines, ou se há uma data especial chegando (um aniversário, uma festa, uma formatura), então fazer compras pode ser uma ótima alternativa para passar um tempo com o seu adolescente. Porém, é importante estabelecer um valor a ser gasto antes de sair. Adolescentes podem se sentir pressionados para comprar coisas de marca extremamente caras em uma tentativa de aparentar um determinado status social, uma pressão que eles imediatamente redirecionam para o bolso dos pais.

> ### DICA DOS PAIS
> "O que eu mais gosto em fazer compras não é tanto ficar esperando enquanto meu filho anda pela loja, e sim o trajeto até o shopping. Nós geralmente conversamos no carro sobre o que ele quer comprar, quais lojas nós iremos, as marcas de que ele gosta. Não sei se ele está apenas me adulando, mas ele nunca conversa tanto quanto nesse momento no carro."

Dinheiro

Considerando a enorme pressão que os adolescentes sentem para ter tudo o que está na moda, ganhar dinheiro pode ser um fator motivador poderoso para fazer com que eles interajam mais com o mundo exterior. Como vimos no Capítulo 1, o cérebro adolescente é especialmente motivado por recompensas, e, para alguns, a possibilidade de ganhar dinheiro pode atraí-los para fora do quarto. Os pais costumam ter diferentes opiniões sobre se seus filhos deveriam ser pagos para fazer tarefas domésticas. Pessoalmente, a minha abordagem tem sido estabelecer algumas tarefas básicas que meus filhos devem fazer e, então, atrelo uma recompensa monetária para aquelas tarefas que vão além desse básico, como regar as plantas ou lavar o carro.

> ### DICA DOS PAIS
> "Eu paguei meu filho adolescente para me ajudar a pintar o andar de baixo da nossa casa. Ele era devagar para pintar e não muito bom em limpar o que sujava. Mas consegui passar bastante tempo junto com ele no mesmo lugar!"

Mesmo que o seu adolescente esteja recebendo um salário fora de casa, levá-lo para o trabalho, seja ele longe ou perto de casa, é outro bom momento para conversar.

Tenha um cachorro

Eu entendo que essa não é uma opção viável para todo mundo. Cachorros custam caro e precisam de espaço e de dedicação de tempo. No entanto, ter um cachorro costuma ser uma das principais dicas dos pais de adolescentes. Mas, se essa não for uma opção viável para você, tente pensar se haveria a possibilidade de considerar ter outro animal de estimação. Os pets criam um ponto central de foco na casa, uma força gravitacional que puxa os adolescentes em direção à família, o que pode ser uma ótima forma de contrabalancear o isolamento. Como são o foco da atenção e do amor familiar, os animais criam grandes oportunidades de conversa e ajudam a aproximar os membros da família, que se unem em um esforço conjunto. Animais de estimação também funcionam como uma âncora de segurança em meio à tempestade adolescente: eles estão presentes quando os adolescentes precisam de companhia e sempre ouvem sem fazer julgamentos.

> ### DICA DOS PAIS
> "Na nossa casa, a primeira coisa que os meus filhos faziam quando acordavam de manhã, chegavam da escola ou saíam de seus quartos era falar 'oi' para o cachorro e fazer carinho nele."

Além disso, cachorros possuem uma vantagem extra que é fazer o seu adolescente, de vez em quando, concordar em sair para dar uma volta com você e o animal. Eu não estou sugerindo que se você arrumar um cachorro o seu filho irá prontamente acompanhá-lo em caminhadas diárias (não importa o que ele diga quando estiver tentando convencê-lo a lhe dar um cachorro, todos nós sabemos que a obrigação de passear ficará com os pais). No entanto, um cachorro é a desculpa perfeita para convidá-lo para sair e dar uma volta. E, se, para cada vinte vezes que você o convidar, uma delas for bem-sucedida, já será uma vitória, principalmente porque (como veremos no Capítulo 5) andar é uma ótima forma de fazer com que o seu filho se abra com você.

Mas, antes disso, vamos lidar com o assunto espinhoso dos adolescentes e seus celulares.

CAPÍTULO 4
O ANTÍDOTO PARA OS CELULARES, OS AMIGOS E AS REDES SOCIAIS

Do ponto de vista dos pais, o celular de um adolescente é ao mesmo tempo uma benção e uma maldição. Telefones nos possibilitam estar em contato com nossos filhos enquanto eles dão seus primeiros passos sozinhos pelo mundo. Telefones nos dão segurança e nos ajudam a sempre ter acesso a eles (se nossos filhos não respondem às mensagens, ainda existe a possibilidade de recorrermos à polêmica função de localização). No entanto, os telefones também criam uma barreira entre nós e nossos filhos, pois interferem no nosso relacionamento com eles.

Celulares são como um ímã para adolescentes. Temos a sensação de o que quer que esteja acontecendo naquele aparelho — não importa o quanto seja trivial — é mais importante para um adolescente do que interagir conosco. A mensagem de um amigo contando o que ele está comendo no jantar tem precedência sobre responder à pergunta que nós acabamos de fazer sobre o nosso jantar (ou até mesmo sobre eles jantarem conosco!). Um simples emoji sem graça nos desbanca. Tentamos atrair a atenção deles, mas seus olhos estão sempre fixados naquela pequena tela. Falamos, mas tudo o que recebemos como retorno são resmungos e caras fechadas (ou até mesmo nenhuma resposta, porque eles estão usando fones de ouvido). Se você quer construir um relacionamento com o seu adolescente, convencê-lo a sair do quarto não é o bastante. É preciso também fazer com que ele saia do celular.

A pressão para que os adolescentes usem seus telefones é imensa. A vida social digital funciona 24 horas por dia e 7 dias na semana, e a motivação de um adolescente para se sentir incluído [*assimilação*] demanda que ele nunca fique muito longe do seu telefone. Porém, esses mesmos telefones nem sempre fazem com que os nossos adolescentes se sintam bem consigo mesmos. Palavras maldosas são enviadas por mensagem, sem nenhuma consideração. Amizades são prejudicadas. Fotos em grupo são exibidas para todo o Mundo Adolescente que foi (ou não foi) convidado. Além disso, existe aquele fluxo inesgotável de fotos alteradas e com filtro e propagandas com as quais eles se comparam (e padrões que passam a almejar).

O que realmente queremos para os nossos filhos é que eles acreditem que são maravilhosos, preciosos e amados exatamente como são. Eles não precisam se parecer com as pessoas que veem nas redes sociais ou ter os dispositivos e o glamour dos megainfluenciadores. Eles não precisam camuflar suas características únicas com os mesmos acessórios de marca usados por todo adolescente para receber aprovação. Queremos que eles tenham amigos que os valorizem e se preocupem com eles, bem como que não sintam que sua vida depende do fato de conseguirem responder toda mensagem instantaneamente. Queremos que eles deixem o telefone de lado e, no lugar disso, façam algo saudável!

Aqui temos um dilema: dizer para um adolescente não se preocupar com o que os outros pensam simplesmente não funciona. Dizer para eles não ficarem tão obcecados pelo celular não fará diferença alguma (tenho certeza de que você já tentou fazer isso!). E, o que é pior, essa atitude pode aumentar ainda mais o distanciamento entre vocês e fazer com que o seu adolescente fique menos propenso a escutá-lo ou a querer passar tempo com você (afinal, você claramente não o entende e nem sabe o que é importante para ele!). Se você quer que um adolescente saia do telefone — para o próprio bem dele e o seu —, criticá-lo provavelmente não irá ajudar.

Os pais são muito mais eficientes em ajudar os adolescentes a navegar pelos perigos dos telefones, amigos e mídias sociais se oferecerem uma contrapartida para sua vida social digital em que seu filho adolescente se sinta amado e aceito exatamente do jeito que ele é. Os relacionamentos dos grupos adolescentes são intensos e cheios de tensão. Precisamos nos assegurar de que o relacionamento deles conosco é um porto seguro; o lugar onde o amor incondicional e a aceitação estão garantidos. Isso não quer dizer que aprovamos tudo o que eles fazem, mas sim que os nossos adolescentes sentem que, primeiro e antes de tudo, somos os seus maiores fãs e não os seus maiores críticos. Precisamos ajudá-los a manter a autoestima com o nosso olhar positivo inabalável, para que eles se tornem mais resilientes às dificuldades da vida adolescente atual e menos vulneráveis aos perigos que tememos. E, o mais importante de tudo, precisamos dar o exemplo (e não simplesmente falar), criando uma cultura familiar na qual telefones são usados de maneira saudável.

Por que os adolescentes ficam tão obcecados com o celular?

Os telefones são excelentes em criar hábitos. Pessoalmente, se eu não tomo cuidado, me pego rolando o *feed* das minhas redes sociais até durante pequenos instantes livres. Antes que eu perceba, o aparelho está na minha mão, os aplicativos estão abertos e eu estou checando um *feed* que tinha acabado de olhar minutos antes. Se uma mensagem aparece na tela, ou escuto um barulho de notificação, e não consigo lê-la instantaneamente, sinto uma descarga de estresse característica. Claro, eu sei que provavelmente é só mais uma foto que minha mãe enviou no grupo da família no WhatsApp (cenouras que ela acabou de colher da horta, ou uma coleção de objetos aleatórios e supérfluos que ela está doando), mas eu sinto a necessidade urgente de checar aquela mensagem mesmo assim.

Se os adultos acham essa natureza compulsiva dos telefones problemática, para os adolescentes isso é ainda mais desafiador. Os celulares são o local onde as preocupações mais importantes dos adolescentes se reúnem: amizade, identidade, aparência, adaptação, sexo, romance, riscos e aprendizado. Essa é uma mistura potente para um cérebro adolescente movido a recompensas. Todos os quatro motivadores de independência do adolescente — *separação, individualização, assimilação e autonomia* — são ativados e facilitados por seus telefones. Esses aparelhos (mais os aplicativos e as câmeras neles) são a principal forma pela qual adolescentes se comunicam com os amigos, conduzem seus romances, aperfeiçoam sua identidade, buscam validação e consolidam suas posições em seus grupos de pares.[10]

Você se lembra da discussão sobre a ciência do cérebro que fizemos no Capítulo 1? Sabemos que os adolescentes são estimulados pelo cérebro a buscar a aprovação social de seus pares. O sentimento de ser deixado de lado ou humilhado é vivenciado pelos adolescentes como uma ameaça neurológica — isso não se deve à falta de perspectiva, mas sim à forma como é registrado no cérebro deles. Adolescentes são motivados neurologicamente a colocar as opiniões e as respostas dos seus pares acima do que as demais pessoas dizem ou pensam; e esses pares vivem em seus celulares, computadores e jogos de videogame. Quando ficam longe de seus dispositivos eletrônicos, muitos adolescentes sentem um medo extremo de ficarem de fora (FOMO). Eles rapidamente ficam ansiosos com a possibilidade de não participarem de uma interação que pode ser crucial para a sua posição social no grupo. E se alguém disser algo engraçado e virar uma piada interna da qual eles não fazem parte? Ou e se uma pessoa influente declarar uma preferência/rejeição que redefine a opinião dos seus amigos sobre o que está na moda e eles não ficarem sabendo? Eles podem falar algo errado, ou serem ridicularizados, só porque você insistiu para que ele largasse o telefone.

Adolescentes estão sempre muito bem antenados com as hierarquias sociais (quem é popular, quem não é, quem é amigo de quem), e eles estão sempre alertas com relação à posição que

---

10 Nem todo adolescente escolhe o celular como o seu principal dispositivo eletrônico. Se o seu filho está enfurnado no quarto e não está grudado ao telefone, é possível que enquanto você lê este capítulo perceba que algo semelhante está acontecendo por meio de um dispositivo digital diferente. Outros adolescentes ficam tão preocupados com a possibilidade de não se encaixarem que adotam uma postura de "não estou nem aí" e mal usam o seu celular, excluindo-se voluntariamente das comunicações virtuais frenéticas que tanto ocupam os seus amigos. E, é claro, existem alguns adolescentes que sabem equilibrar melhor essas questões do que os outros.

O ANTÍDOTO PARA OS CELULARES, OS AMIGOS E AS REDES SOCIAIS

ocupam nessa hierarquia. Considerando a velocidade com que as coisas acontecem no mundo digital, o seu grupo online de amigos precisa de atenção constante. Para se manterem informados, eles precisam marcar presença sempre que possível e nunca perder uma oportunidade; do contrário, a bolha social seguirá em frente sem eles. Pais de adolescentes que ganharam um celular pela primeira vez sempre ficam impressionados pelo volume de mensagens trocadas todos os dias, até mesmo entre grupos de crianças que passam o dia inteiro juntas na escola.

Assim que os adolescentes começam a usar as redes sociais, a pressão para participar e performar fica ainda maior. As redes sociais se conectam diretamente ao desejo do adolescente de construir uma identidade. Por meio das curtidas e dos comentários, eles recebem um feedback direto e mensurável de como são percebidos pelos demais, e podem se comparar diretamente com eles. Mesmo quando não estão mexendo nas redes sociais, alguns adolescentes passam horas se preparando para tirar e editar fotos e pensar em legendas inteligentes, ou até mesmo planejar eventos dignos de serem fotografados, ao mesmo tempo que sentem uma enorme pressão para apertar o botão de postar novamente para não sair do horizonte social de seus grupos.

Resumindo, se você tem a impressão de que a relação do seu adolescente com o celular é mais importante do que qualquer coisa na vida dele — incluindo ser educado com você ou falar com as pessoas na festa de aniversário da avó — é porque, para ele, é mais importante mesmo. Assim que mergulham no mundo da aderência ao grupo de pares adolescentes, no qual eles precisam nadar ou se afogarão, esses telefones se tornam seus coletes salva-vidas social.

O impacto dos celulares e das redes sociais

Talvez você pense: *Ok, eu entendo que eles se preocupam com que os amigos pensam. Mas não pode ser saudável passar o tempo todo no celular, não é?* A maioria de nós, pais, sabe instintivamente que telefones de alguma forma não fazem muito bem para os adolescentes. Temos preocupações concretas sobre como este estilo de vida de ficar com a cabeça baixa, checando o telefone, tirando selfies, está afetando a saúde física e mental deles; a forma como se veem; o aprendizado; suas habilidades de interagir, se comunicar e viver em sociedade; e basicamente todo e qualquer aspecto de sua saúde e desenvolvimento. *Com certeza*, pensamos, *viver por meio das telas não pode fazer bem a eles, certo?*

Quando lemos as notícias e conversamos com os nossos amigos, essas preocupações parecem completamente justificadas. Nós vemos adolescentes cujas vidas são completamente diferentes das nossas quando tínhamos a mesma idade, e sem muitos dos hobbies mais saudáveis que valorizamos e que nossos filhos costumavam amar. Vemos diariamente histórias na mídia sobre os perigos aos quais os adolescentes estão expostos na internet, e tememos os efeitos perniciosos que todo esse tempo de tela pode ter em seus jovens cérebros. Cada vez mais adolescentes estão buscando ajuda para questões de saúde mental e emocional, um tsunami de problemas de saúde mental que coincide exatamente com o aumento do uso de celulares e de dispositivos digitais portáteis desde a infância. *Não há dúvida que esses dois fatores devem estar relacionados, não é mesmo?*

No entanto, o cenário que emerge das pesquisas não é tão claro. A evidência sobre a correlação entre o tempo de tela/nas redes sociais/no telefone e o bem-estar dos adolescentes é inconsistente. Isso se deve parcialmente ao fato de que existem vários estudos ligeiramente diferentes, que estão verificando

O ANTÍDOTO PARA OS CELULARES, OS AMIGOS E AS REDES SOCIAIS

coisas ligeiramente diferentes, em grupos com idades ligeiramente diferentes e com formas de medição ligeiramente diferentes. Boas pesquisas qualitativas levam tempo para serem feitas, e a velocidade da mudança no nosso uso pessoal da tecnologia é um fator dificultador das pesquisas. Especialistas ficam relutantes em fazer recomendações concretas sem terem evidências robustas; por isso, tendem a ficar em cima do muro. Por exemplo, o Ministro da Saúde dos Estados Unidos advertiu que atualmente não é possível determinar se as redes sociais são um local seguro para crianças e adolescentes.[11] Enquanto isso, os pais ficam apavorados com notícias que comparam o uso de celulares ao consumo de crack e cocaína e angustiados com a notícia de mais uma morte trágica motivada pela exposição ao conteúdo nocivo da internet.

Sendo assim, o que sabemos com certeza? A maioria das pesquisas mostra que existe uma associação entre o tempo excessivo passado diante da tela e a piora na saúde mental dos jovens. Entretanto, não há consenso no que pode ser considerado "tempo excessivo" ou qual seria o limite de tempo de uso considerado seguro. Essa correlação negativa entre altos níveis de exposição às telas e o bem-estar de adolescentes é relativamente menor quando consideramos a média final (menor do que a correlação entre o bem-estar do adolescente e dormir mal, por exemplo), porém essas médias mascaram outros fatores importantes quando consideramos os adolescentes individualmente. Adolescentes são diferentes entre si e parecem ser impactados de maneiras diferentes pelo uso da tecnologia e em diferentes momentos da adolescência. Ainda não está claro quais são os fatores mais importantes principalmente para

---

11 Afirmação feita em maio de 2023.

aqueles adolescentes que estão mais propensos a ser impactados negativamente pela tecnologia, mas existe maior probabilidade de que os adolescentes que são mais vulneráveis offline sejam mais vulneráveis online também.

Outra observação importante é que estamos estabelecendo uma correlação e não uma relação causal. Isso significa que não sabemos se a exposição excessiva às telas causa uma piora na saúde mental ou se os adolescentes que já enfrentam problemas de saúde mental tendem a passar mais tempo em frente às telas (ou se, de fato, os impactos são bidirecionais, com cada um dos fatores aumentando o impacto do outro).

Por outro lado, parece haver algumas vantagens no uso da tecnologia pelos adolescentes também. Por exemplo, existem evidências relativamente consistentes mostrando que adolescentes que quase não usam a internet (ou não passam tempo nenhum online) tendem a ter uma saúde mental pior. Provavelmente isso se deve ao fato de o mundo digital ser uma ferramenta muito importante para a conexão social dos adolescentes dos dias de hoje, e esse tipo de isolamento social tem um enorme impacto neles.

Quando o assunto são redes sociais e autoestima, o cenário também não é claro. Considerando o quanto os adolescentes são sensíveis à opinião de seus pares, não nos surpreende que alguns deles relatem que as redes sociais impactam em como eles se sentem sobre si mesmos. Porém, nem todo adolescente relata sentir esse impacto e nem em que aspecto ele é sentido; além disso, nem sempre se trata de um impacto grande ou negativo. Na verdade, uma pequena minoria de adolescentes relata que sua autoestima aumenta quando usam as redes sociais. Em um momento no qual conversar com os pais pode não ser fácil, muitos adolescentes dizem que recebem apoio e constroem um senso de comunidade na internet, e isso os ajuda a encontrar

O ANTÍDOTO PARA OS CELULARES, OS AMIGOS E AS REDES SOCIAIS

pessoas com as quais têm pontos e experiências em comum. Isso é especialmente verdade quando os adolescentes não têm acesso dentro dos seus mundos reais a comunidades de pessoas que compartilhem aspectos importantes de suas identidades. Os jovens anseiam por um sentimento de pertencimento, e muitos deles relatam terem encontrado reforços positivos sobre sexualidade, identidade de gênero, raça ou deficiência (ou apenas sobre hobbies e preocupações) em seus mundos virtuais.

Mas e aqueles adolescentes que são influenciados negativamente pelo que veem na internet? Ser capaz de encontrar a sua tribo clicando em apenas um botão pode ser reforçador. Entretanto, não é um fator tão positivo quando a tribo que você encontra é, por exemplo, perigosa ou prejudicial à sua saúde; uma tribo que valoriza a automutilação, hábitos alimentares nocivos e magreza extrema ou comportamentos misóginos. O problema das redes sociais é que elas tendem a nos oferecer mais daquele conteúdo que prende a nossa atenção, e não há como garantir que algo sombrio e perigoso não prenderá momentaneamente a atenção do seu filho.

Em vez de apresentar aos adolescentes uma grande variedade de pontos de vista e estilos de vida, os algoritmos que movimentam o conteúdo do *feed* das nossas redes sociais tendem a restringir os nossos mundos digitais e nos encaixar em estereótipos; o que pode ter o efeito de transformar uma leve curiosidade em algo a que assistimos todos os dias. Se o que o algoritmo nos apresentar forem fofocas esportivas, vídeos de filhotinhos ou anúncios de sapatos, isso pode nos irritar em algum momento, mas provavelmente não é nocivo. Porém, se um adolescente que já está vulnerável e sofrendo com ansiedade em relação ao seu corpo começa a receber postagens frequentes sobre dietas extremas e começa a se sentir aceito e parte dessa tribo, isso se torna perigoso.

Sendo assim, embora os pais tenham razão de estarem preocupados com os perigos que rondam a internet e com o número de adolescentes que estão tendo que lidar com questões de saúde mental, colocar toda a culpa nos telefones ou nas redes sociais não é corroborado pela evidência científica. Esses dispositivos eletrônicos não são nem completamente seguros nem completamente perigosos. Depende do conteúdo que o seu adolescente está acessando e de suas próprias vulnerabilidades.

E o que os pais podem fazer? Bom, temos motivos para estarmos preocupados e em estado de alerta. Mas se queremos limitar os possíveis impactos negativos dos telefones e das redes sociais, não será pegando no pé dos nossos filhos por estarem no celular que vamos resolver essa situação. Assim como tudo o mais quando o assunto é educar adolescentes, o relacionamento é o fator mais importante. Nesse caso, a melhor forma de ajudar nossos adolescentes a lidar com esses desafios é por meio de uma estratégia de carinho e aceitação que reforça sua autoestima e abre um canal de comunicação, bem como por meio da criação de uma cultura familiar completa na qual o bem-estar é priorizado e existem vários limites saudáveis para o uso da tecnologia.

Porém, antes de mergulharmos na maneira como isso funcionaria na prática, agora é um bom momento de exercitar a nossa memória e lembrar como nos sentíamos quando éramos adolescentes. A seguir, conto uma das minhas histórias (tenho certeza de que você tem as suas).

RELATO PESSOAL

A FESTA PARA A QUAL EU NÃO FUI CONVIDADA

Eu tinha 13 anos, e minha melhor amiga (que era minha vizinha) tinha deixado de ser minha amiga. Ela era um ano mais velha do que eu e tinha começado a andar com um grupo de meninas muito mais descolado. Eu estava desesperada para ser aceita por elas.

Na noite do aniversário de 15 anos dela, eu vesti a minha saia lápis mais apertada e fiquei passando na porta da sua casa por mais de uma hora. Na minha cabeça, eu achava que uma daquelas convidadas descoladas me veria naquela saia de gente grande e iria querer conversar comigo. O que realmente aconteceu foi que eu me tornei alvo de alguns comentários bem maldosos de um grupo de meninas que estavam chegando para a festa.

Eu voltei para casa, assaltei o armário de bebidas do meu pai e chorei até pegar no sono. No dia seguinte, acordei, tentei dar a volta por cima da melhor forma que consegui e fingi que aquilo nunca tinha acontecido.

Quando me lembro daquela noite, consigo perceber como fui tola. Eu não deveria ter me importado tanto. Não deveria ter me esforçado tanto. Não deveria ter permitido que aqueles comentários bobos me magoassem.

Mas eles ainda doem. Aquelas emoções adolescentes foram reais. Eu me importava com aquilo profundamente; o que provavelmente é o motivo de eu me lembrar daquela noite em tantos detalhes até hoje.

Felizmente, tenho quase certeza de que sou a única que se lembra da minha humilhação naquela noite. Nós não tínhamos celulares quando eu era adolescente. Eu posso imaginar o quanto teria sido pior se aqueles comentários maldosos

> tivessem sido escritos e enviados para todos em um grupo de mensagens. Ou se alguém tivesse tirado uma foto minha e postado nas redes sociais.
>
> Eu também não precisei rolar o *feed* e ver uma sequência de fotos do grupo todo se divertindo ao fazer a única coisa no mundo que eu queria fazer, mas da qual tinha sido tão obviamente excluída.

Como ajudar os adolescentes a se sentirem bem consigo mesmos?

Eu tenho certeza de que se algum adulto me dissesse para não ficar chateada por não ter sido convidada para aquela festa de 15 anos, não teria feito a menor diferença para mim. Tentar amenizar o medo de um adolescente de ficar de fora dizendo a ele para não se importar com o que os outros pensam é inútil. Eles se importam, e muito. E não é como se tivessem escolha; o cérebro deles é programado para agir assim. Se nós, adultos, quisermos proteger nossos adolescentes dos possíveis impactos negativos do celular, dos amigos e das redes sociais, uma das coisas mais importantes que podemos fazer é fortalecer a autoestima deles; e não vamos conseguir fazer isso dizendo a eles que estão agindo errado.

Uma boa autoestima é uma das proteções mais importantes que um adolescente pode ter para lidar com uma multiplicidade de vulnerabilidades. A autoestima é a nossa opinião interna sobre nossas habilidades e o nosso valor. É a percepção que temos do tipo de pessoa que somos e da nossa importância. A autoestima não é um fator objetivo; pelo contrário, ela é uma conclusão subjetiva na qual chegamos a partir da nossa interpretação das nossas próprias experiências. A autoestima nem sempre reflete corretamente o quanto somos bons ou ruins em algo, mas sim como nos sentimos sobre nós mesmos.

A autoestima de uma pessoa é influenciada por três elementos principais: sentir-se *aceito*, sentir-se *competente* e sentir-se *eficiente*.

- Sentir-se *aceito* tem a ver com saber que você é amado e valorizado e se encaixa, sendo exatamente quem é;
- Sentir-se *competente* é sentir-se capaz; é sentir que você tem a capacidade de lidar com os desafios e tem pontos fortes e talentos (pelo menos em algumas áreas);
- Sentir-se *eficiente* significa acreditar que o que você faz é importante; que você tem algum poder ou forma de controle ou de impacto.

Sentir-se *aceito* é a parte da autoestima que explica por que as crianças costumam sentir uma baixa na autoestima quando entram na adolescência. Esse período tem tudo a ver com o quanto você é aceito [*assimilação*], e isso inevitavelmente gera muita insegurança e dúvidas.

Sendo assim, o que pode ajudar? Quando um adolescente se sente inseguro sobre o relacionamento com seus pares, ele precisa mais do que nunca ter certeza de que os pais estão ao seu lado; de que nós acreditamos que eles podem ser amados e valorizados; de que nós os valorizamos. Adolescentes se importam muito com o que seus pais pensam deles (mesmo que na maioria das vezes não pareça). Se desmerecemos suas prioridades ou suas preocupações ou não levamos a sério seus medos e mágoas, eles não só se afastam ainda mais de nós como assimilam nossas opiniões críticas sobre eles e as misturam com as próprias opiniões.

Se queremos manter um relacionamento com os nossos adolescentes e ajudá-los a construir sua autoestima, precisamos nos assegurar de que nossa relação com eles é um espaço seguro, no qual o amor incondicional e a aceitação são garantidos, e que eles saibam disso. Queremos que eles tenham certeza de que são especiais e amados por nós; que são importantes, valorizados e estimados. Não basta pensarmos assim; precisamos demonstrar e ser genuínos. Se você está dizendo coisas positivas para o seu filho enquanto internamente planeja a lição que dará logo em seguida (ou as coisas que você gostaria que ele mudasse), não vai funcionar. Você precisa se lembrar sempre que possível do quanto realmente ama o seu adolescente (apesar das coisas que ele faz que o magoam). Pense nele como o jovem incrível e maravilhoso que ele é, apesar de ser um jovem incrível e maravilhoso que está tendo dificuldades para lidar com a pressão e as exigências de uma transição difícil e talvez nem sempre esteja sendo gentil. É péssimo ser adolescente. Dói. Se pudéssemos acelerar todo esse processo de aprendizado, nós o faríamos. Mas não podemos. A única coisa que podemos fazer é estar ao lado deles; precisamos ser o olhar através do qual eles se veem como jovens realmente amados e aceitos.

Eu sei que é difícil fazer isso quando eles nos dão tão poucas oportunidades (ou cometem tantos erros). Mas temos mais chance de influenciar a maneira como nossos adolescentes se sentem sobre si mesmos e aumentar sua resiliência seguindo uma estratégia de aceitação absoluta em vez de ficar criticando e corrigindo o comportamento dele.[12] Quando eles tirarem os

---

12 O Dr. Gordon Neufeld e o Dr. Gabor Maté resumem isso de maneira brilhante em seu livro *Hold On to Your Kids* [Agarre-se aos seus filhos, em tradução livre]: "precisamos dar aos nossos filhos o que eles não conseguem dar uns aos outros: a

O ANTÍDOTO PARA OS CELULARES, OS AMIGOS E AS REDES SOCIAIS

olhos do telefone, queremos que vejam carinho e bondade no nosso olhar; um lembrete de que não importa o que esteja acontecendo naquela dança estressante de aceitação online, nós os amamos exatamente como são. Eles podem achar que somos bobos e emotivos, ou rejeitar o nosso amor, mas vão vê-lo. Talvez você sinta que está falhando porque não está "ensinando" nada ao seu filho, mas esse olhar positivo e a aceitação absoluta é um antídoto poderoso para aqueles impactos nocivos que você teme estarem rondando o telefone e as redes sociais dele.

Quando adolescentes se sentem amados e aceitos por nós, se tornam muito mais resilientes a inseguranças e aos altos e baixos da luta para se encaixar. Quando se sentem seguros de que não existe possibilidade de nós não os amarmos, aumentamos a probabilidade de que nos procurem para contar se houver algo preocupante acontecendo.

Com isso não quero dizer que deveríamos simplesmente deixar que nossos filhos lidem com seus telefones, suas amizades e redes sociais sozinhos, e sim que devemos manter uma certa distância segura. Precisamos partir de um lugar de aceitação, nos colocarmos no lugar deles e aceitar que, se algo é importante para eles, então é importante. Quando aceitamos o quanto eles valorizam estar em contato com os amigos, construímos uma relação de confiança, enquanto, se passamos muito tempo sugerindo que eles deveriam agir melhor ou diferente, eles logo começarão a sentir que somos o inimigo e não alguém que torce e está do lado deles.

Facilite ao máximo que seu filho converse com você,

---

liberdade de ser quem são em um contexto de amor e aceitação; uma aceitação que pares imaturos são incapazes de oferecer, mas que nós, adultos, podemos e devemos prover". NEUFELD, Gordon; MATÉ, Gabor. *Hold On to Your Kids: Why Parents Need to Matter More Than Peers*. Vermilion, 2019. p. 126.

diminuindo os obstáculos. Deixe claro que sua opinião sobre ele não corre o risco de mudar, você não pensará mal dele não importa o que aconteça. Mostre que acredita profundamente na capacidade dele de superar os desafios, mesmo quando ele não souber como fazê-lo.

> *Eu sei o quanto os seus amigos são importantes para você; é compreensível. Querer ser um bom amigo é uma qualidade maravilhosa. Tenho certeza de que seus amigos verão o quanto você é incrível e continuarão sendo seus amigos, mesmo que deixe de participar de um evento.*

Quando interagimos de maneira positiva com os nossos adolescentes, aceitando suas preocupações, ideias e opiniões de forma a sinalizar para eles o nosso olhar positivo e a nossa crença neles, não só aumentamos a chance de que conversem conosco sobre o que estão fazendo no celular como também de construir uma conexão que fará com que fiquem mais propensos e largar o celular e interagir conosco. Quando demonstramos que acreditamos que eles podem ser *aceitos, competentes* e *eficientes*, aumentamos a probabilidade de que acreditem nisso também e se tornem mais vulneráveis aos impactos negativos dos perigos que tememos que encontrem pelo caminho.

PLANO DE AÇÃO

Pesquisas mostram que são necessárias cinco interações positivas para cada interação negativa, para manter um bom relacionamento.

Uma interação positiva pode ser um sorriso, um gesto, um abraço, um elogio, uma palavra de incentivo.

Faça um rápido levantamento. Pense no dia de hoje, ou de

ontem, ou desta semana (ou analise as trocas de mensagens entre vocês, como ponto de partida).

De quantas interações positivas você se lembra? E de quantas negativas? Qual é a proporção entre elas? O que *você* poderia ter feito para aumentar a proporção de interações positivas?

Um passo a passo para diminuir o uso do celular

Então, você está dizendo que eu preciso parar de insistir e deixá-lo usar o telefone o tempo inteiro? Longe disso. Embora os especialistas não sejam capazes de dizer com precisão como as telas afetam os cérebros dos nossos adolescentes, nós sabemos que o uso de tecnologia cria hábitos. Sem monitoração, esse uso se expande, demandando cada vez mais tempo e tomando o lugar de outras atividades mais positivas. Fortalecer a autoestima dos adolescentes os protegerá de vários perigos da internet (e, se tudo der certo, fará com que fiquem predispostos a interagir durante as atividades no mundo real); mas nós, pais, também precisamos estar alertas ao uso excessivo de tecnologia que atrapalha aspectos do dia a dia que sabemos serem definitivamente positivos para os adolescentes, como fazer exercícios físicos e dormir bem. Quando adolescentes escolhem ficar rolando o *feed* assistindo a vídeos de gatinhos, em vez de fazer atividades mais saudáveis, isso se torna um problema.

Atualmente, quando os adolescentes têm um telefone, seu mundo se torna extremamente barulhento. Quando eu era adolescente (e provavelmente quando você era adolescente também), podíamos nos refugiar no nosso quarto e dar um tempo de tudo. Nosso quarto era um lugar para experimentar roupa, sonhar, ler, escrever, desenhar, ouvir música, ou simplesmente dormir. Os adolescentes de hoje levam todos os seus amigos (e os inimigos) com eles para dentro do seu quarto por meio do celular. Se não existe um santuário para que os adolescentes possam dar um tempo dos seus telefones, isso gera uma pressão constante. Enquanto pais, precisamos encontrar formas de proteger o espaço dedicado a atividades não tecnológicas na vida dos nossos filhos. Precisamos ajudá-los a aprender a administrar sua saúde mental diariamente e a criar momentos de respiro das demandas incessantes de uma vida digital.

Finalmente você chegou na parte que eu queria saber desde o início: como eu convenço meu filho a sair do celular? Eu não sei se você gostará da resposta! Quando o assunto são os telefones, o que costuma funcionar é uma abordagem que envolva toda a família (entrarei em detalhes sobre os jogos de videogame no Capítulo 6). Isso quer dizer que você precisará mudar os próprios hábitos também.

Uma abordagem que envolva a família toda significa propiciar uma cultura familiar na qual cuidar do corpo e da mente é valorizado; na qual existam rituais para que a família se reúna regularmente sem o uso da tecnologia, bem como um conjunto de hábitos para toda a família que criem compensações para o uso constante do telefone na vida de todos. A seguir, apresento um passo a passo sobre como fazer isso:

O objetivo deve ser encontrar o equilíbrio

Existem tantas coisas que podem prejudicar o bem-estar de um adolescente — dormir pouco, fazer pouco exercício físico, comer mal, não tomar café da manhã — que, se o seu adolescente tiver se afastado de você e mal sair do quarto, então tentar lidar com todas essas questões ao mesmo tempo será desastroso. Esqueça os pensamentos apocalípticos e também

O ANTÍDOTO PARA OS CELULARES, OS AMIGOS E AS REDES SOCIAIS

aqueles de deveria/não deveria e busque encontrar um pouco mais de equilíbrio, em vez de tentar alcançar a perfeição.

Quando o assunto são os celulares, o objetivo é deixá-los em segundo plano e não bani-los. Se o seu filho precisa levar o telefone junto para poder passar um tempo com você ou fazer uma atividade física saudável, ainda assim é uma vitória. Se houver uma parte da atividade em que você realmente não quer que ele fique no celular, negocie e deixe isso claro com antecedência (e lembre-se de fazer concessões).

Melhor ainda, use as habilidades de planejamento colaborativo do capítulo anterior para fazer com que seu filho participe de atividades que envolvam concentração, nas quais o telefone naturalmente é deixado de lado. Você é quem melhor conhece o seu adolescente e o que ele acha interessante (e se está na dúvida de por onde começar, faça experimentos e continue tentando). Para um dos meus filhos adolescentes, atividades que envolviam altas doses de adrenalina era o que funcionava melhor para afastá-lo do telefone — parques temáticos, andar de caiaque, rapel: qualquer atividade com uma pitada de perigo. (Eu desci em várias tirolesas com o meu coração na boca e os olhos fechados enquanto esse mesmo adolescente ria de mim.) Se o seu adolescente gosta de videogame, atividades que envolvam fatores de risco ou emocionais (como o *paintball*) ou habilidades estratégicas (como jogos de tabuleiro ou *escape rooms*[13]) podem interessá-lo. Para adolescentes, bastam pequenas doses de atividades mais criativas para que mantenham o celular no bolso (talvez valha a pena tentar cozinhar ou fazer trabalhos

---

13 *Escape room* é uma experiência imersiva em que um grupo de pessoas entra em um espaço temático para trabalhar em equipe, dentro de um intervalo de tempo predeterminado, para desvendar pistas que levarão à solução de um mistério que as ajude a escapar da sala. (N. T.)

manuais?). Lembre-se, o cérebro do adolescente é movido por recompensas; logo, busque atividades que não só envolvam pouco uso de tecnologia mas que o seu filho goste e procure fazê-las sempre que possível. Assim, aquele telefone naturalmente deixará de ser usado um pouquinho menos.

Seja um bom exemplo

A tecnologia é um problema para a família inteira. Enquanto pais, precisamos dar o exemplo para os nossos filhos de como regulamos o nosso próprio uso do telefone e cuidamos do nosso bem-estar mental e físico. Adolescentes são os primeiros a chamar de hipócritas os adultos que reclamam do tanto que eles usam o celular, mas que também estão sempre com seu aparelho na mão. Se você fica rolando o *feed* das suas redes sociais na cama antes de dormir, por que eles não poderiam?

Se você quer que um adolescente deixe de lado o telefone, precisa fazer o mesmo com seus dispositivos eletrônicos também. Se o seu adolescente nunca o vê lendo um livro, ou fazendo exercícios, ou conversando sem estar com o telefone em cima da mesa de frente para você, não pode esperar que ele faça isso também. Precisamos dar o exemplo para os nossos filhos de hábitos positivos e saudáveis para a mente, e nos assegurar de que eles nos vejam incorporando bons hábitos de saúde à nossa rotina. Precisamos encontrar oportunidades para falar com eles (não para dar sermão, mas para conversar!) sobre os benefícios de diferentes hábitos e da importância de criarmos condições favoráveis a uma mente mais tranquila. Precisamos agir e não só falar para mostrar a eles que valorizamos muito o tempo longe da tecnologia a ponto de nos empenharmos para conseguir diminuir o uso que fazemos dela também, além de mostrarmos que podemos dar pequenos passos para cuidar de nós mesmos.

Também precisamos ser um exemplo de relacionamento

saudável com a tecnologia que usamos. Desligar a televisão quando ninguém está assistindo, e fazer uma curadoria dos *feeds* das nossas próprias redes sociais para que apenas sigamos contas que realmente nos ajudem a nos conectar e nos sentir bem conosco (em vez daquelas que fazem com que nos sintamos envergonhados ou como se estivéssemos fracassando em algo).

Crie espaços livres de tecnologia

Uma vida familiar saudável exige que criemos espaços livres de tecnologia. Esses espaços podem ser lugares físicos em sua casa, como um quarto sem televisão ou outros tipos de tela (o que eu recomendo fortemente!). Ou estabelecer momentos livres de tecnologia, como não ficar na frente das telas pela manhã, ou depois das nove da noite, ou talvez adotar tardes de domingo livres de tecnologia, o que quer que funcione para a sua família e para a rotina de vocês. Esses períodos e lugares livres de tecnologia não podem só se aplicar aos adolescentes, pelo contrário, devem se aplicar à família inteira (incluindo os adultos e as visitas), sem exceção.

Converse com o seu adolescente sobre por que momentos livres de tecnologia são importantes. Isso não tem a ver com criticar os nossos adolescentes, e sim com nos responsabilizarmos pelo cuidado conosco e uns com os outros.

> *Eu sei o quanto o seu telefone é importante para você e não quero atrapalhar suas interações com os seus amigos. Mas também acho que é importante para todos nós dar um tempo dos nossos aparelhos. Será que podemos pensar juntos sobre como criar momentos para que todos nós possamos dar às nossas mentes um pouco de descanso?*

Espaços livres de tecnologia podem ser feitos na forma de rituais e tradições familiares, como fazer refeições em família regularmente, uma noite de jogos de tabuleiro, sair para caminhar nas tardes de domingo ou introduzir esportes nas manhãs de sábado (seja praticando ou vendo outras pessoas praticarem). Quanto mais conseguirmos estabelecer rotinas, rituais e hábitos para criar espaços livres de tecnologia, mais conseguiremos evitar entrar em dinâmicas de oposição sobre o tempo de uso das tecnologias. Sendo assim, continuem comendo juntos e jogando juntos o máximo possível.

Ser capaz de tolerar o tédio que acompanha os momentos sem tecnologia e pensar em alternativas é um aspecto essencial para uma infância equilibrada. Para os adolescentes, principalmente, a dança constante da aprovação social (tanto no mundo real quando na internet) é estressante. Criar formas de equilibrar isso dentro da vida familiar oferece santuários nos quais todos podem descansar, renovar as energias e encontrar um pouco de tranquilidade.

Crie uma distância entre as pessoas e seus celulares

Onde está o seu telefone agora? Provavelmente está ao alcance das suas mãos. Pesquisas mostram que, quando os aparelhos estão ao alcance das nossas mãos, nós os pegamos. Nós os pegamos enquanto assistimos televisão; durante as conversas; assim que acabamos de acordar de manhã e um pouco antes de dormir. A maneira mais efetiva para regular o uso do telefone é deixá-lo fora do nosso alcance.

Quando estiver em casa, deixe o seu aparelho em outro cômodo para que não se sinta tentado a checá-lo a cada cinco minutos. Ou separe uma prateleira ou gaveta onde os celulares possam morar. Se você quiser usar o seu telefone, vá até ele ao invés de sempre carregá-lo consigo. Quando for sair, leve um livro para ler, assim não precisará pegar o telefone para passar o tempo.

O ANTÍDOTO PARA OS CELULARES, OS AMIGOS E AS REDES SOCIAIS

Transforme a hora de dormir em um momento livre de telefones, inegociável. Estabeleça um horário à noite em que todos os aparelhos serão guardados (inclusive o seu). Se o seu adolescente fica com o celular no quarto, saiba que, não importa o que ele diga ou o quanto insista que não mexerá nele, ele irá usá-lo. As pesquisas comprovam isso. Caso eles aleguem que precisam do telefone para ouvir música enquanto pegam no sono ou para usar como despertador, compre um relógio com essa função e um tocador de áudio sem acesso à internet. Dormir é muito importante, principalmente para os adolescentes. Mantenha os videogames fora do quarto também (ou os instale de forma que possam ser removidos à noite). Ter um sono ruim e interrompido ou dormir pouco afeta o aprendizado, o humor e a saúde mental. Esse é um dos aspectos nos quais você precisa se manter firme diante da resistência do seu adolescente, não importa o que aconteça.

Aproveite todas as oportunidades que puder para criar uma distância para si mesmo e para seus filhos dos seus celulares. Se o telefone estiver no quarto ou no bolso, será usado.[14] Durante as férias em família ou viagens de um dia, considere colocar todos os aparelhos em um local seguro (ou em uma mesma bolsa) e negociar momentos específicos nos quais todos poderão ter um tempo para se atualizar e mexer no telefone. No caso de adolescentes mais novos, adie o máximo possível dar a eles um celular (não corra para ser o primeiro pai a fazer isso). Comece permitindo apenas pequenos períodos de tempo no

---

14 Ben Brooks faz uma descrição bastante esclarecedora da vida de um adolescente nos dias de hoje, na qual compara pedir que adolescentes resistam à tentação de usar os telefones quando estão em suas mãos com "sugerir que eles saiam por aí com o bolso cheio de doces e ir comendo só um pedacinho por dia". BROOKS, Ben; *Every Parent Should Read This Book: Eleven Lessons for Raising a 21st-Century Teenager.* Quercus Books, 2021. p. 31.

aparelho, estabelecendo regras rígidas, e vá soltando as rédeas aos poucos.

Comece do zero quando tudo der errado

Eu não estou dizendo que você será popular com o seu adolescente quando tentar estabelecer alguns limites para o uso dos dispositivos eletrônicos da família. Você não será popular. Os telefones são realmente importantes para os adolescentes, e eles provavelmente insistirão muito para conseguir o que querem. Quando o assunto é a tecnologia, a maioria dos pais está fazendo o melhor que pode e aprendendo à medida que faz. Nós nem sempre acertamos. Muitos de nós somos vencidos pelo cansaço e permitimos que os adolescentes fiquem com o celular no quarto, e, apesar das nossas melhores intenções, acabamos caindo em uma situação na qual o uso individual dos dispositivos eletrônicos portáteis preenche todo o tempo livre da família.

Nunca é tarde demais para introduzir uma mudança. No caso de pré-adolescentes e adolescentes mais novos, você pode optar por dar uma ordem e começar de novo se o tempo de uso da tecnologia passar dos limites. Mas outra alternativa seria usar isso como uma oportunidade para praticar algumas das técnicas colaborativas de resolução de problemas (e eu definitivamente recomendo que você utilize essa abordagem com adolescentes mais velhos). Se você apresenta essa situação como uma questão que envolve a família inteira (em vez de ser apenas um problema específico do adolescente), que requer soluções definidas em conjunto, qualquer mudança que introduzir tem mais chances de funcionar. Faça uma reunião familiar. Converse sobre as suas preocupações, faça algumas sugestões e dê abertura para que todos contribuam também. Pode ser que as mudanças que consiga fazer dessa forma não sejam tão significativas como você gostaria, mas esses pequenos ganhos e vitórias também são importantes. Além disso, você conseguirá criar um pouco mais de boa vontade (ou pelo menos as perdas serão menores!) durante esse processo.

Essa boa vontade é essencial. Em última instância, os telefones não são inerentemente bons ou ruins; depende de como os usamos. O seu adolescente pode estar usando o celular para fazer amizades, buscar apoio emocional, pesquisando hobbies ou simplesmente como forma de entretenimento. Ele pode estar alimentando o seu amor-próprio ou a sua aversão por si mesmo. Ele pode estar sofrendo bullying, comprando drogas, assistindo a conteúdos nocivos, ou simplesmente rolando o *feed* sem parar na tentativa de evitar pensamentos e sentimentos complicados. O nosso objetivo enquanto pais não é apenas cumprir uma tarefa daquela nossa lista imaginária de "Como ser um bom pai", limitando o tempo de uso do aparelho; é também construir um relacionamento com os nossos filhos nos quais eles se sintam à vontade para conversar sobre essas coisas conosco e pedir a nossa ajuda. Nós não podemos controlar o uso da tecnologia pelos adolescentes de forma a eliminar todos os riscos, mas podemos tentar ter um relacionamento no qual eles se sintam seguros para falar conosco. E, para isso, precisaremos aprender a escutar (e talvez descobriremos coisas que são difíceis de ouvir).

UM BREVE RESUMO

O QUE APRENDEMOS ATÉ AQUI?

- A motivação do adolescente para a independência inclui quatro elementos principais: *separação* (dos pais), *individualização* (definir sua identidade), *assimilação* (pertencer), *autonomia* (tomar as próprias decisões).
- O cérebro do adolescente passa por uma fase de desenvolvimento única que reforça esses quatro motivadores de independência. A parte central de seu cérebro (que governa as emoções, as recompensas e as ameaças) facilmente domina a parte frontal, responsável pelo raciocínio lógico.
- A separação pode ser difícil para os pais. Saiba que não há problema em sentir o que quer que você esteja sentindo, mas ficar preso em padrões de pensamento pouco produtivos pode gerar conflitos ou alimentar dinâmicas de isolamento.
- Cinco regras de ouro: seja gentil consigo mesmo; controle seus pensamentos (para controlar seus sentimentos); seja um exemplo do comportamento que gostaria de ver no seu filho; transfira o poder; priorize o relacionamento em vez dos seus princípios.
- Se quer que o seu adolescente passe mais tempo com você, faça uso das técnicas de planejamento colaborativo e aproveite ao máximo os pequenos momentos para se conectar com ele.
- Celulares (e outros dispositivos de comunicação) são importantes para os adolescentes porque acionam todos os quatro motivadores de independência.
- Fortalecer a autoestima e estabelecer uma abordagem familiar para o tempo de exposição às telas têm mais chances de promover mudanças do que críticas ou autoritarismo (principalmente no caso de adolescentes mais velhos).

CAPÍTULO 5

COMO CONVENCER O MEU ADOLESCENTE A SE ABRIR?

Tentar manter uma postura positiva nas nossas interações, fazer concessões, controlar nossos próprios sentimentos e colaborar para aproveitar ao máximo até os breves momentos juntos faz toda a diferença para que possamos construir confiança e convencer nossos filhos a sair do quarto com mais frequência. Porém, quando esses breves momentos de conexão terminam e nossos adolescentes voltam a se refugiar em seus quartos, nós, pais, permanecemos com um receio: aquela ansiedade incômoda e insistente que carregamos dentro de nós de que algo pode estar acontecendo; algo que não estamos percebendo, que eles estão escondendo e com o que precisamos nos preocupar.

Adolescentes podem agir de maneira extremamente protetora com seus pensamentos e sentimentos. Alguns refutam a preocupação de seus pais de maneira ríspida, enquanto outros se fecham e passam a dar respostas monossilábicas. Nós sabemos que os nossos adolescentes são vulneráveis (e as notícias estão sempre cheias dos horrores que podem atingi-los); mas, quando eles se isolam, como podemos saber se é um comportamento normal de adolescente ou se existe algo mais grave acontecendo? Como podemos descobrir o que estão pensando e sentindo se eles não conversarem conosco?

A nossa vontade é sair em busca de pistas, e o fato é que muitos pais chegam a fazer buscas nos quartos de seus filhos ou a monitorar suas mensagens ou atividade nas redes sociais para descobrir o que está acontecendo na vida deles. Existem momentos nos quais isso pode ser a coisa certa a fazer (como quando você suspeita seriamente de que algo perigoso pode estar acontecendo). No entanto, mesmo que você descubra algo dessa maneira, ainda assim precisa conversar com o seu adolescente sobre isso, bem como descobrir uma forma de conduzir uma conversa que propicie compreensão e mudanças positivas. Do contrário, você corre o risco de aquela situação continuar e de que seu filho simplesmente aprenda a esconder melhor as coisas de você.

Quando nos preocupamos com os nossos adolescentes, a sensação é que estamos procurando por informação e certezas; mas, na verdade, o que realmente precisamos é de perspectiva. Veja o exemplo da *cannabis*: se você tiver provas concretas que o seu adolescente está fumando maconha e começar a dar um sermão com os motivos pelos quais todas as drogas fazem mal à saúde, as chances de causar um impacto positivo são mínimas, principalmente porque você não parou para tentar entender por que seu filho começou a fumar maconha. Talvez ele tenha se sentido pressionado pelos amigos e não achou que tinha outra escolha. Ou, talvez, esteja fumando para silenciar seus pensamentos e sentimentos porque está enfrentando dificuldades. Se o seu objetivo é promover o bem-estar do seu filho e influenciar as escolhas dele de maneira positiva, então é importante que saiba a resposta para essa pergunta.

Para ter esse tipo de conversa, que realmente o ajude a

entender o que está acontecendo com o seu filho e assim poder ajudá-lo, você precisará aprender a escutar primeiro e a pensar antes de falar. Ser um adulto que inspira confiança e com o qual um adolescente pode se abrir demanda demonstrar sempre que necessário que você não irá perder a paciência, que respeitará os pensamentos e sentimentos dele e de que não irá julgá-lo (nem pensará mal dele) independentemente do que ele revelar.

Por que os adolescentes se fecham?

A motivação desenvolvimental da separação não trabalha apenas para que os adolescentes se separem fisicamente de seus pais. Um fator essencial no projeto de independência dos adolescentes é que eles assumam o controle de suas próprias mentes. Enquanto as crianças pequenas podem revelar seu mundo interior espontaneamente durante conversas em brincadeiras, os adolescentes costumam ser muito mais cautelosos sobre o que compartilham.

Existem motivos para essa cautela. O desejo do seu filho de ter privacidade pode ser apenas uma parcela da motivação para criar um espaço psicológico à parte [*separação*]. Quando guardam seus pensamentos para si mesmos, os adolescentes estão reivindicando controle sobre seus próprios espaços mentais e afirmando seu direito de escolher quem terá acesso a eles [*autonomia*]. Na maior parte das vezes, essa necessidade de proteger seus espaços mentais é motivada por um instinto de autoproteção. É muito mais fácil para eles explorar seus pensamentos, desejos sexuais e identidades se conseguirem criar um espaço privado no qual não há perigo de serem vistos ou julgados, principalmente de serem julgados por pais que têm o hábito de achar que os conhecem melhor que eles mesmos. Quando se fecham mentalmente, ou sinalizam de maneira agressiva para que os pais mantenham distância, os adolescentes criam uma barreira a partir da qual podem revelar aos poucos e com certa curadoria as suas novas partes, para que a integridade de sua identidade (e de sua autoestima) nunca fique ameaçada.

Às vezes os adolescentes criam uma barreira silenciosa para salvaguardar o amor de seus pais. Quando se fecham, é bem provável que têm algo a esconder; algo que não querem que os pais saibam. Eles podem estar fazendo (ou pensando em fazer) algo que nós não aprovaríamos, como fumar cigarros eletrônicos, beber ou trocar mensagens de cunho sexual. Nós, pais, geralmente presumimos que nossos filhos escondem essas coisas para evitar serem castigados; porém, na maioria das vezes, o que mais pesa na tomada de decisão deles é o medo que sentem do que vamos pensar. Ao contrário do que dizem, a nossa opinião é realmente importante para nossos filhos. Eles não querem nos chatear ou decepcionar. Nós somos a estrutura que sustenta como eles se sentem sobre si mesmos, e quando pensamos mal deles isso confirma seus piores medos de que estão fracassando ou de que não são amados. Por isso, quando enfrentam problemas, eles costumam tentar resolvê-los sozinhos, ou mentem e tentam encobrir para evitar que pensemos mal deles.

No entanto, a principal razão para que os adolescentes não se abram conosco é o medo da nossa reação. Quando pesquisadores perguntam a crianças (de todas as idades) por que elas não conversaram com seus pais sobre algum problema em suas vidas, a resposta mais comum é que estavam preocupadas com a reação de seus pais; que nós ficaríamos chateados ou bravos ou assumiríamos o controle da situação e faríamos coisas que elas não queriam que fizéssemos.

E, sejamos honestos, elas não estão erradas em ter essa preocupação, estão? Se o seu adolescente deixar transparecer que algo de errado está acontecendo, você provavelmente vai querer fazer algo a respeito, não vai? Seja dar conselhos ou intervir de alguma forma. Mas não é isso que os nossos adolescentes querem. Quando eles se abrem sobre um problema, raramente é porque querem que a outra pessoa resolva aquilo, mas sim porque gostariam de entender melhor o problema ao conversar sobre ele e sentir alívio por tê-lo compartilhado em voz alta. Adolescentes nem sempre entendem exatamente o que está acontecendo dentro deles. Falar é uma forma de explorar seus pensamentos e aliviar o peso de alguns sentimentos.

É assim também para os adultos. Quando estamos sozinhos na nossa mente, geralmente estamos em meio a uma confusão de pensamentos e sentimentos. É apenas quando alguém em quem confiamos nos pergunta "Como você está se sentindo?", e tentamos colocar essa confusão em palavras, que começamos a entender o que realmente está acontecendo. E, para que isso ocorra, precisamos ter espaço para considerar o que vamos dizer, sem temer sermos interrompidos pela pessoa do outro lado da conversa, nem que ela assuma o controle e nos diga o que deveríamos fazer ou como deveríamos ou não estar nos sentindo.

PLANO DE AÇÃO

Pense nas pessoas com quem você se sente confortável para conversar sobre suas vulnerabilidades. O que elas fazem certo? Como você sabe que é seguro conversar com elas?

Agora as compare com aquelas com quem aprendeu que não pode conversar sobre assuntos difíceis. Como elas o fizeram se sentir? Elas o fizeram se sentir julgado? Desmereceram suas preocupações? Deram conselhos? Ficaram impacientes?

> Ou simplesmente não entenderam? O que elas disseram ou fizeram para que você se sentisse assim?
>
> Em qual das duas categorias você acha que o seu adolescente o colocaria?

O que os adolescentes escutam quando seus pais falam

Quando os adolescentes se recusam a se abrir conosco, provavelmente é porque já chegaram à conclusão de que não somos bons ouvintes; que tiramos conclusões precipitadas; que priorizarmos nossos próprios interesses; que fazemos com que se sintam pressionados, julgados ou mal interpretados. Sejamos justos, a culpa não é toda nossa. O cérebro adolescente está preparado para detectar um ataque; logo, mesmo que sejamos bastante cuidadosos, os adolescentes tendem a interpretar nossas mensagens bem-intencionadas de maneira errada. Podemos achar que estamos fazendo uma ótima sugestão, mas, se depender da sempre vigilante amígdala do adolescente, os conselhos que oferecemos serão continuamente interpretados como uma ameaça à existência deles.

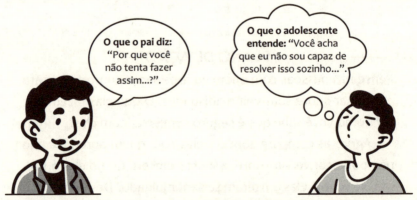

O que os adolescentes ouvem quando os pais fazem sugestões

Adolescentes são movidos pelo desejo de independência. E independência significa fazer as coisas sozinho, sem precisar da ajuda dos outros. Sendo assim, quando os pais se oferecem para ajudar, tudo que um adolescente em busca de independência escuta é uma ameaça. Eles escutam uma crítica; como se estivéssemos dizendo que não achamos que cresceram o bastante para fazer do jeito certo. Eles não escutam as nossas boas intenções, mas sim que os estamos tratando como crianças. Lembre-se, o cérebro adolescente é especialmente sensível a ameaças sociais. Qualquer coisa que faça com que eles se sintam desrespeitados ou humilhados ou inferiorizados aciona seus alarmes neurológicos e inicia uma resposta defensiva.

O que os adolescentes escutam quando os pais oferecem ajuda

Até mesmo as sugestões mais simples podem ser interpretadas como um ataque à autonomia adolescente, principalmente quando essas sugestões vêm dos pais. Nós somos as pessoas das quais eles precisam se separar para se tornarem independentes; por isso, suas amígdalas têm ainda mais motivos para estarem em alerta quando eles estão conversando conosco. (É por isso que o seu conselho dado com tanto carinho pode ser rejeitado, enquanto as mesmas palavras vindas de um avô ou de um mentor serão aceitas como sábias e levadas em consideração!) A menos que tenhamos sempre muito cuidado com a forma como falamos, a probabilidade é a mesma de os adolescentes se sentirem atacados ou consolados por nossas palavras.

Sendo assim, como vou conseguir passar a mensagem que gostaria? Estou sempre pisando em ovos aqui! A verdade é que para estabelecer uma comunicação bem-sucedida com adolescentes precisamos trilhar um caminho delicado. Em última instância, como em tudo o que diz respeito à educação de adolescentes, a resposta está na construção de uma via de mão dupla em nosso relacionamento com eles. Se o seu o objetivo é passar uma mensagem, ou dar um conselho, ou compartilhar sua sabedoria adquirida a duras penas, para tentar acelerar o processo de aprendizado do seu filho, é bem provável que as suas tentativas falhem. Mas, se você puder aprender a controlar esse ímpeto de aconselhar, a ouvir com aceitação e curiosidade genuína e a criar um espaço seguro para que seu filho explore os próprios pensamentos e sentimentos, conseguirá ser o pai ou mãe com quem o seu adolescente quer conversar.

Como ser a pessoa confiável com quem o adolescente quer conversar

Para criar um espaço seguro para que um adolescente se sinta à vontade para falar, você precisará manter a calma e evitar acionar as respostas defensivas dele. A melhor forma de fazer isso é praticando uma escuta empática, algo que nem sempre é fácil para nós, pais. Mesmo quando somos bons ouvintes para os nossos amigos, podemos ter dificuldades em fazer o mesmo pelos nossos filhos. Nós nos sentimos responsáveis por eles; que é nossa obrigação garantir que tudo corra bem em suas vidas (enquanto com nossos amigos ficamos à vontade para oferecer apenas um ombro amigo). Quando nossos filhos nos contam sobre seus problemas, o nosso instinto é escutar para saber como vamos consertar esses problemas (o que não é escutar de verdade), e corremos para resolvê-los por meio de conselhos e sugestões sobre o que eles deveriam fazer. Tentamos pôr fim às suas emoções complicadas garantindo a eles que ficará tudo bem, e listando todos os motivos pelos quais achamos que aqueles problemas, que para eles parecem enormes, não seriam tão grandes assim.

O que os adolescentes escutam quando os pais tentam consolá-los

A escuta empática é o oposto da escuta para resolver o problema. A escuta empática não visa mudar a opinião do adolescente ou fazer com que ele se sinta melhor ou dar a sua opinião sobre o problema. Ela visa apenas fazer com que seu filho se sinta ouvido; sinalizar para ele que você entende o que ele está dizendo e como está se sentindo; reconhecer o que ele está sentindo sem fazer comentários nem dizer como ele deveria estar se sentindo ou o que deveria fazer. É escutar sem julgar, partindo do pressuposto da aceitação.

É assim que você se sente, eu entendo. Eu vejo que está magoado. Vejo que está com raiva. Entendo que está com medo de não

conseguir e que se odeia por isso. Eu vejo o quanto isso é importante para você. Entendo o quanto isso é difícil para você.

A escuta empática exige que você não assuma o papel de especialista ou conselheiro (o seu adolescente é que é o especialista no que está sentindo e pensando agora). Significa escutar com o objetivo de aumentar a compreensão (a sua e a do seu filho), em vez de escutar para poder formular uma resposta. Faça isso e pode ser que seu filho lhe dê um lampejo de como as coisas são para ele e como está se sentindo agora.

Se isso parece difícil ou você não sabe por onde começar, a seguir apresento cinco passos para ajudá-lo nessa tarefa.

Passo 1: Preste atenção

Se o seu adolescente está expressando uma emoção ou lhe contando sobre um problema, pare, escute e preste muita atenção. Desconsidere os sinais de alerta do seu próprio radar de preocupação e foque apenas em escutar com calma o que ele está dizendo e como está dizendo. Se o seu adolescente está emocionalmente abalado mas não quer falar (e você sente que seria o momento para insistir), pode fazer um movimento para tentar iniciar uma conversa.

Eu não tenho acesso à sua mente para ver o que está acontecendo dentro de você, então, posso estar errado; mas, estou achando que você está com uma aparência um pouco abatida. É assim que você se sente por dentro também?

Passo 2: Resuma

Não demonstre nenhum tipo de julgamento sobre o que o seu adolescente está dizendo. Se ele disser que odeia o próprio corpo, não o contradiga dizendo que o corpo dele é maravilhoso ou que a aparência não importa; simplesmente aceite que é assim que ele se sente agora. Quando seu filho fizer uma pausa em sua fala, resuma o que ouviu e nomeie a emoção que você acredita que ele está sentindo.

Parece que você realmente não está satisfeito com a sua aparência.

Parece que você ficou bem irritado por não ter tirado a nota que gostaria na prova.

Parece injusto que você não tenha sido convidado. Não é à toa que tenha ficado magoado.

Resumir o que ele disse e nomear a emoção não apenas sinaliza que você está ouvindo como também é terapêutico. Ajuda o seu adolescente a entender o que está acontecendo dentro dele. Se por acaso você tiver entendido errado, ele vai corrigi-lo.

Eu odeio o meu corpo com todas as minhas forças. Não quero viver nesse corpo. Eu sou muito feio.

Passo 3: Mantenha a calma

Controle a sua reação. Crie uma atmosfera tranquila mantendo a sua voz baixa (em volume e entonação) e falando devagar. Respire. Isso o ajudará a se manter calmo, pois ativará o seu sistema nervoso parassimpático e também sinalizará para o seu filho que você não entrou em pânico ou está prestes a explodir. Nossos adolescentes precisam saber que somos capazes de lidar tranquilamente com o que quer que eles nos contem, não importa o quanto pareça pesado ou ruim para eles. Quando eles nos veem mantendo a calma e lidando com os seus sentimentos complexos, isso os assegura de que serão capazes de lidar com esses sentimentos também.

Se o que seu filho disser for alarmante ou gatilho para as suas próprias emoções negativas, tente não demonstrar o seu choque, mantendo-o contido dentro de você, para que possa processá-lo mais tarde. O nosso objetivo é demonstrar empatia (mostrar que enxergamos e entendemos o que eles estão sentindo) em vez de agir com empatia (compartilhar e sentir o que eles estão sentindo). Tente manter a sua expressão facial suave e gentil; adolescentes não têm muita habilidade para reconhecer diferentes expressões faciais, o que significa que estão mais propensos a fazer confusão e a detectar emoções ou intenções negativas que não existem.

Passo 4: Faça uma sondagem sutil

Permita que seu filho tenha bastante espaço, controle e escolhas durante conversas difíceis. Não se apresse para preencher as lacunas da conversa e permita que silêncios e pausas aconteçam. Pode ser que demore um pouco para que o seu adolescente encontre as palavras certas ou se sinta corajoso o bastante para falar. Se a conversa empacar, apenas repita para ele o que você escutou e demonstre curiosidade genuína.

> *Eu entendi o que você quis dizer. Você odeia o seu corpo. Consigo perceber como isso dói. Você quer me falar mais um pouco sobre como isso afeta você?*

Talvez você precise retomar essa conversa e revisitá-la ao longo do tempo à medida que a confiança entre vocês aumenta.

Passo 5: Resolvam problemas juntos

Em vez de correr para oferecer as suas próprias soluções, pergunte ao seu adolescente o que ele gostaria que acontecesse a seguir e como você pode ajudá-lo. Evite dar conselhos,

COMO CONVENCER O MEU ADOLESCENTE A SE ABRIR?

principalmente aqueles com palavras como "deveria" e "não deveria" (elas funcionam como juízo de valor disfarçado de conselho). Em vez disso, recorra à expertise e aos recursos do seu filho.

Você encontrou alguma solução que pareça funcionar?

Que ideias você já teve que podem ajudar?

Entrem em acordo sobre os próximos passos (mesmo que isso signifique apenas que o seu adolescente irá pensar sobre o assunto), e tente retomar a conversa depois.

Muito obrigado por conversar comigo sobre isso, de verdade. Foi importante para me ajudar a entender o que está acontecendo com você. Pense um pouco sobre o que gostaria de fazer e vamos conversar sobre isso de novo amanhã.

Se você for capaz de aprender a ouvir de forma a demonstrar apoio, isso não apenas terá um impacto terapêutico no seu adolescente como também irá ajudá-lo a aprender a entender e a controlar suas próprias emoções; além disso, irá construir um relacionamento no qual seu filho se sinta à vontade para se abrir com você novamente.

Você pode usar a escuta empática para lidar com problemas grandes ou pequenos; para quando seu adolescente estiver chateado com a atitude de um amigo ou para quando revelar suas inseguranças mais profundas sobre como ele se vê e como se sente. Você não acertará todas as vezes e isso é normal. A escuta empática exige prática. Se você errar e perder a paciência ou correr para dar sugestões, volte atrás e retome aquela conversa. Desculpe-se e admita que errou e permitiu que suas emoções controlassem o seu cérebro. Você também pode explicar para o seu filho que o ama muito e que, por isso, às vezes entra em pânico quando fica preocupado com ele. Em seguida, pode pedir uma segunda chance para tentar de novo.

UM PAI PERGUNTA SOBRE AUTOMUTILAÇÃO

"Minha filha está se automutilando e eu não sei o que fazer para ajudá-la. Ela se recusa a falar com um profissional. Eu não consigo entender por que ela está fazendo isso. Será que está copiando porque viu as amigas fazendo? Eu sou pai solo e não faço ideia de como deve ser a vida de uma adolescente."

Sinto muito em saber que a sua filha está sofrendo. Se você não tem nenhuma experiência com automutilação, pode ser muito difícil mesmo entender por que alguém se machucaria deliberadamente. E, obviamente, quando é a sua filha que está se machucando, isso pode desencadear respostas profundamente instintivas em nós.

Agora, eu não sei por que a sua filha está se automutilando, e nem você sabe. Então, o primeiro passo é ter uma conversa tranquila, aberta e livre de julgamentos com ela. Não uma conversa com o objetivo de tentar resolver o problema, mas uma conversa na qual você vai tentar entender o que está motivando esse comportamento.

Seja sincero. Explique que não tem experiência com essa situação, que nunca passou pelo que uma adolescente passa e que não sabe como se sente, mas que você gostaria de tentar entender; que consegue perceber que ela está tendo dificuldade para lidar com sentimentos complexos.

Mantenha a sua voz baixa e pausada. Dê bastante abertura para sua filha durante a conversa (ela pode demorar para encontrar as palavras ou a coragem); fazer isso também lhe dará a oportunidade de respirar e controlar suas próprias emoções.

Assim que tiver criado um ambiente seguro e tranquilo, você pode sondar gentilmente para saber se existem pensamentos, sentimentos ou situações específicos que servem de gatilho para a automutilação. Será que tende a acontecer em um momento específico? Como será que ela está se sentindo antes de se automutilar? Como ela se sente depois?

Existem muitos motivos pelos quais as pessoas se automutilam. Geralmente é uma estratégia para obter alívio temporário de sentimentos extremamente difíceis ou pensamentos intrusivos.

Se você quer ajudar sua filha, então, é importante entender quando ela faz isso (qual é o gatilho), bem como o que ganha com isso (o efeito). Eu sei que pode parecer estranho, mas a automutilação é cíclica. Pensamentos ou sentimentos difíceis vão se acumulando até chegar a um momento crítico em que precisam ser aliviados de alguma forma por meio da automutilação. No entanto, o alívio é apenas temporário; portanto, esses pensamentos e sentimentos incontroláveis tendem a se acumular de novo, e a automutilação acontece novamente no próximo momento de crise.

Deixe claro que você está ouvindo com atenção repetindo para sua filha o que ela disser (sem fazer julgamentos ou comentários): *Quer dizer, então, que os sentimentos vão crescendo até chegar ao ponto de que a única forma de fazê-los parar é se machucar? Será que eu entendi direito? E depois você se sente mais calma?* Eu sei que você quer que ela pare de fazer isso, mas procure não correr para tentar resolver esse problema e se esforce para controlar a sua própria ansiedade (respire!).

Ao conversar calma e atentamente com sua filha, você poderá ajudá-la a identificar e entender esse ciclo, o que é o primeiro passo para rompê-lo.

Talvez você não faça muitos avanços com apenas uma única conversa, mas, independentemente do resultado, lembre-se de agradecer à sua filha por confiar em você e deixe claro

> que você está ao lado dela para apoiá-la (e assegure-se de que os ferimentos sejam tratados da maneira apropriada). Lembre--se, quanto mais tranquila, segura, e quanto menos julgada ela se sentir conversando com você, mais propensa estará para procurá-lo durante as próximas crises.
>
> Assim que tiverem construído alguma confiança e entendimento, você terá mais chances de trabalhar com sua filha para que ela possa encontrar novas formas de lidar com seus pensamentos e sentimentos, bem como de voltar a sugerir buscar ajuda profissional da qual ela pode precisar para conseguir fazer isso.
>
> (Para mais conselhos sobre quando e onde buscar ajuda, leia o Capítulo 9.)

Pequenas mudanças que propiciam boas conversas

Boas conversas dependem de confiança e conexão. Não podemos simplesmente entrar no quarto do nosso adolescente e exigir que ele se abra conosco. Se você interiorizou os capítulos anteriores, já ficará atento às oportunidades para maximizar as microconexões com o seu adolescente por meio de pequenos momentos diários. Para que as conversas profundas aconteçam, precisamos construir pontes diariamente para diminuir a distância criada pelo isolamento do adolescente.

Conversas profundas acontecem com maior facilidade quando existem pequenas conversas acontecendo que permitam desdobramentos. Até mesmo conversas triviais podem fornecer elementos essenciais para a construção de um relacionamento no qual os adolescentes se sentem seguros para se abrir. Eu me lembro como se fosse hoje de uma época em que

COMO CONVENCER O MEU ADOLESCENTE A SE ABRIR?

enviar uma foto do nosso cachorro para meu filho era a única forma de garantir que ele respondesse às minhas mensagens. Sendo assim, eu enviei várias fotos do nosso cachorro. Essas micropontes podem ajudar a estimular até mesmo as pequenas chamas de conexão. Na próxima vez que vocês se virem, podem conversar sobre aquela foto, onde ela foi tirada, e talvez sobre uma lembrança familiar envolvendo o cachorro. É uma pequena mensagem carinhosa e amorosa que constrói a boa vontade a partir da qual outras conversas podem florescer.

Essas são chamas delicadas, mas, se queremos criar oportunidades positivas para que conversas floresçam, existem alguns pequenos, mas importantes, ajustes que você pode fazer quando for se comunicar com o seu adolescente.

Escolha o momento certo

Com isso, quero dizer, o momento certo para *seu* filho. Se há uma conversa online acontecendo com os amigos dele (ou até mesmo um vídeo bobo de gato para ser assistido no TikTok); então, provavelmente, seu filho preferirá fazer isso a conversar com você. Se ele estivesse se sentindo mal sobre algo que aconteceu naquele dia, também não será um bom momento para conversar sobre a carreira ou qual universidade escolher. Além disso, é difícil encaixar uma boa conversa durante um breve encontro no corredor.

Conversar com adolescentes exige paciência; estar com *eles*, fazendo aquilo que eles gostam; conversar sobre coisas sem sentido até que o momento certo se apresente e vocês tenham a oportunidade de ter uma troca verdadeira. É um investimento que vale a pena: aqueles fiapos de comunicação são o tecido que mantém o relacionamento de vocês intacto.

Às vezes os adolescentes nos procuram quando é o melhor momento para eles conversarem, e geralmente esse é o pior momento para nós: tarde da noite, quando estamos desesperados para ir dormir, ou quando estamos atrasados para o trabalho. Nesses momentos, eles aparecem e começam a desembuchar algo grande que estava pesando em suas mentes, ou você ouve bem baixinho a pergunta "Posso falar com você um minuto?". Ou, então, eles simplesmente se jogam na nossa frente com a empolgação de quem está disposto a conversar. Se você puder, aproveite essas oportunidades e converse com seu filho (mesmo se estiver doido para deitar na cama!). Aproveite toda oportunidade de conversa que for oferecida.

Tente ficar lado a lado

Conversas nas quais vocês ficam lado a lado (como dentro do carro, ou quando levam o cachorro para passear, ou estão sentados no sofá) ou quando estão ocupados fazendo algo juntos (como assistir a um jogo ou cozinhar uma refeição juntos) costumam fluir melhor com adolescentes do que conversas cara a cara. Se você tem algo difícil para conversar com seu filho, tente sair para dar uma volta ou conversar no carro. (Mas não trate todo momento no carro como uma oportunidade para ter conversas importantes. Alguns adolescentes se sentem presos no carro e se fecharão ou ficarão com raiva se você tentar conversar com eles ali. Se esse é o caso do seu adolescente, tente encontrar uma atividade que dê a ele uma saída que possa ser usada caso ele não queira participar da conversa. Assim, ele pode se sentir menos pressionado e mais propenso a falar.)

Quando ambos estão ocupados fazendo uma coisa, o seu adolescente estará menos propenso a se sentir julgado e a sua linguagem corporal estará mais relaxada. Pausas e silêncios ocorrerão naturalmente e serão mais confortáveis, criando momentos de respiro na conversa. Com outras coisas acontecendo, existe menos pressão e a conversa geralmente flui com maior facilidade. Vocês podem estar simplesmente conversando sobre futebol, porém, conversar de forma fluida (independentemente de qual seja o assunto) é um bom hábito para se cultivar.

Não converse sobre ele

Perguntas diretas geralmente colocam os adolescentes na defensiva ou os fazem suspeitar de que estamos tentando tirar algo deles (seus pensamentos secretos, ou uma confissão sobre aquilo que fizeram de errado). Isso fará com que eles se fechem completamente. Uma abordagem indireta costuma funcionar melhor.

Converse sobre os personagens favoritos do seu filho em um programa de televisão. Converse sobre si mesmo, sobre os vizinhos, sobre outros membros da família ou sobre celebridades. Às vezes os adolescentes interagem com entusiasmo durante uma conversa sobre outras pessoas quando não querem falar sobre si mesmos; e isso pode nos dar uma importante perspectiva sobre as opiniões e formas de pensar de nossos adolescentes. Tente abordar esses assuntos de maneira natural: a partir de alguma notícia, fofoca que você ouviu, algo que viu nas redes sociais. Seja indireto e assim a amígdala hipervigilante dele não se dará conta de que você está querendo saber sobre ele!

Se quiser conversar sobre esforço e recompensas, comece uma conversa sobre esporte. Se quiser conversar sobre gênero ou autoimagem, converse sobre estrelas pop. Se quiser conversar sobre preconceito ou mudanças nas normas sociais, converse sobre os avós dele. Essas conversas indiretas aumentam as chances de o seu adolescente expressar suas opiniões e (casualmente) revelar seus pensamentos. Se você não gostar do que ele revelar, lembre-se de interagir mesmo assim em vez de simplesmente desmerecer as opiniões dele. Se o seu adolescente começar a reproduzir retóricas misóginas ou questionar o direito das pessoas trans, não corra para contradizê-lo: pegue o tema e explore-o junto com ele.

Essa é uma opinião controversa. O que te fez chegar a essa conclusão?

Mesmo que você se sinta desconfortável com o assunto ou discorde da opinião do seu filho, esses são assuntos nos quais ele está interessado e por meio dos quais você pode aprender mais sobre ele e se aproximar dele. Sendo assim, aceite qualquer tipo de conversa que for oferecida. (A frase, "Algumas pessoas dizem que..." é bastante útil quando você quer expressar uma opinião contrária sem transformar a conversa em uma discussão!)

Pergunte em vez de querer ensinar

Ninguém quer conversar com um chato. Por isso, não aproveite toda oportunidade de conversa para ensinar uma lição ou para repetir as mesmas coisas de novo. Eu sei que você quer dar o recado, e que está preocupado em garantir que o seu adolescente o escute. No entanto, as conversas precisam ser uma via de mão dupla. Cultive diálogos nas quais você não é o especialista. Isso quer dizer que você precisa demonstrar curiosidade sobre o mundo do seu filho, ou pedir ajuda para ele, ou consultar a expertise dele. Por exemplo, se você está preocupado com o conteúdo sexual ao qual o seu filho pode ter acesso na internet, há uma grande probabilidade de que ele já saiba muito sobre o assunto. Sendo assim, não comece dando a sua opinião, demonstre curiosidade sobre o que ele já sabe e o que pode ensinar a você.

Eu li um artigo dia desses que dizia que a idade média para um menino entrar em contato com pornografia na internet é de 11 anos. Eu fiquei realmente surpreso com essa informação. Você acha que ela está certa? Acha que os adolescentes da sua escola começaram a ter contato com pornografia tão novos assim?

Procure conversar e não dar sermão.

Isso realmente me preocupa, porque muito do conteúdo pornográfico é realmente violento. Você acha que os jovens se sentem pressionados para copiar o que assistem nesses vídeos?

Mantenha um tom respeitoso

Você se lembra do antigo ditado "Converse com os outros como gostaria que conversassem com você"? Quando o assunto é se comunicar com adolescentes, não basta apenas falar, precisamos demonstrar. Seja um exemplo do estilo de comunicação que gostaria que o seu adolescente adotasse. Se você não escuta, se é sarcástico, se grita ou diminui os outros, então pode esperar receber como resposta um comportamento parecido. Converse com seu filho como se ele já fosse o jovem responsável que você quer que ele se torne.

Pergunte antes de dar conselhos.

Você está apenas desabafando ou gostaria que eu desse a minha opinião?

Se estiver dando conselhos, procure deixar claro que essa é a sua opinião e expresse-a utilizando uma linguagem empoderadora, que demonstre a sua crença de que o seu filho já é maduro o bastante para conseguir considerar diferentes perspectivas. Você poderia dizer, por exemplo:

Esses são os aspectos que eu levaria em consideração, mas pode ser que você tenha outros que são importantes também.

Eu aprendi que isso é o que funciona para mim. Você acha que poderia ser algo que funciona para você também?

Sobre isso, o meu conselho seria... (mas a decisão é sua).

Um conselho sutil dado de maneira respeitosa costuma sempre funcionar (mesmo que o seu adolescente o rejeite na hora).

Se você realmente não acha que ele tem maturidade o suficiente para administrar novas liberdades de maneira responsável, ainda assim precisa encontrar uma forma respeitosa de comunicar isso a ele. Tente mostrar que o problema está em você e não nele. Em vez de dizer:

Eu não acho que você tem idade para passar o dia inteiro no shopping sozinho com seus amigos.

Uma forma mais respeitosa de dizer isso seria:

Você está crescendo muito rápido e estou com dificuldades para acompanhar. Ainda não estou pronto para deixá-lo passar o dia inteiro fora com seus amigos; mas, talvez, se pudéssemos concordar em um intervalo menor de tempo, ou em algum lugar mais perto de casa, então, isso poderia me ajudar a perceber que você está pronto para ter esse tipo de responsabilidade.

É claro que ainda assim vocês podem ter uma discussão acalorada sobre o assunto; mas pelo menos você terá maximizado suas chances de ter conversas futuras justamente por ter usado uma abordagem respeitosa...

FRASES ÚTEIS PARA TENTAR CONTORNAR A AMÍGDALA ADOLESCENTE SEMPRE ALERTA A AMEAÇAS

Quando quiser dizer isto,	diga isto
Qual é o problema?	→ Você parece preocupado com alguma coisa. Acertei?
Podemos resolver esse problema.	→ Eu entendi o seu problema; é complicado mesmo. Estou aqui, se precisar de apoio ou de ajuda para tentar resolver isso juntos.
Eu vou fazer X, Y, Z para resolver esse problema para você.	→ Existe alguma coisa que eu possa fazer para ajudar?
Vou falar o que você precisa fazer para resolver esse problema.	→ Você já pensou em alguma solução? O que já tentou fazer?
Eu acho que você deveria fazer X.	→ A decisão é sua. Se fosse eu, provavelmente tentaria fazer X.
Estes são todos os motivos pelos quais você deveria mesmo fazer X:	→ A decisão é sua. Mas talvez existam alguns fatores que você deveria levar em consideração, por exemplo... Vou deixar você sozinho para pensar sobre isso.
Eu acho que essa é uma má ideia.	→ Fico pensando no que poderia acontecer se você fizesse isso.
Eu discordo totalmente de você.	→ Algumas pessoas diriam que...
O que você vai fazer a respeito disso?	→ Pense um pouco sobre isso e podemos conversar mais tarde para discutirmos algumas das suas ideias.
Eu não acredito que você fez isso.	→ Essa foi uma decisão importante. Como se sente a respeito dela?

Deixe para lá, não force a barra

Se o clima durante a conversa esquentar, não insista nem tente forçar a barra. Uma vez que as emoções do adolescente assumam o controle, é impossível ter uma conversa racional (a parte do cérebro dele responsável por isso não está funcionando). Nessas horas, se você insiste em tentar deixar claro os seus argumentos, acabará apenas se sentindo frustrado por não ter sido ouvido; além disso, ambos podem dizer coisas que não deveriam, causando danos de verdade.

Quando o nosso filho fica enfurnado no quarto a maior parte do tempo, é tentador tentar engatar uma conversa sempre que enxergamos uma oportunidade e dar o nosso recado a todo custo. Por exemplo, se você está preocupado com os hábitos alimentares da sua filha, ou com o relacionamento dela com a comida, essa é uma conversa que você precisa fazer acontecer. E, sim, quando ela estiver na cozinha preparando um lanche pode parecer ser um bom momento. Mas, se o seu discurso de abertura cuidadosamente pensado começar a irritá-la, é melhor deixar o momento passar e revisitar o assunto em uma outra hora, quando ela estiver mais calma.

Se você insiste em continuar a conversa quando o clima esquenta, corre o risco de que a mesma coisa aconteça nas próximas conversas. As regiões emocionais do cérebro que são ativadas quando os adolescentes respondem de maneira defensiva são as mesmas que criam as memórias. Sendo assim, uma situação que anteriormente foi estressante, ou emotiva, ou negativa para um adolescente, provavelmente servirá como gatilho para essas emoções novamente todas as vezes que situações parecidas ocorrerem, ao ponto de só o pensamento de ter que falar com você (ou a sua presença na porta do quarto) instantaneamente causará uma reação negativa. Seu filho começará a presumir sobre o que você quer conversar e ficará na defensiva antes mesmo de você abrir a boca. Ou simplesmente evitará estar na cozinha quando você estiver.

Se uma conversa não está correndo bem, deixe o assunto morrer e siga em frente. Quando o cérebro racional do seu filho voltar a funcionar, você conseguirá ter essa conversa de um outro jeito. Faça com que a maioria de suas conversas sejam boas e o seu adolescente ficará menos propenso a evitar dialogar com você e mais propenso a tolerar a sua companhia (pelo menos com uma maior frequência!).

CAPÍTULO 6
O QUE FAZER QUANDO ELES SÓ QUEREM SABER DE JOGAR VIDEOGAME?

"Está tudo muito bom, está tudo muito bem", eu ouço você dizer, "mas tentar ter uma conversa positiva com um adolescente enquanto ele sacode loucamente um controle e não tira os olhos da tela não é tão fácil assim." Quando os adolescentes se isolam em seus quartos, o videogame pode ser grande parte do motivo. Jogar não só os mantém em seus quartos e menos propensos a sair, como também pode se tornar um motivo de desentendimento com os pais, quando os adolescentes priorizam jogar mais um jogo a fazer as tarefas da escola ou ajudar em casa (ou, na verdade, a fazer qualquer outra coisa!)

Uma obsessão com videogame geralmente anda de mãos dadas com outros hábitos adolescentes que os pais acham difíceis de engolir, como a apatia em relação às tarefas da escola, a comunicação monossilábica (ou até mesmo agressiva) e a tendência a ficar de mau humor e a fazer o mínimo quando é forçado a se engajar em outras atividades que não sejam jogar videogame. Essa não é uma situação que favorece um bom relacionamento entre pais e filhos. Ser tratado como empregado por um adolescente que acumula vasilhas e não é capaz de trocar de roupa raramente desperta a nossa melhor versão como pais!

Adolescentes que são jogadores de videogame (*gamers*) não apenas se isolam em seus quartos, mas também em uma realidade alternativa: um redemoinho cósmico sem pais dentro do contínuo espaço-tempo adolescente. Isso faz com que o desafio de manter-se positivo e construir um bom relacionamento com ele se torne ainda mais difícil. Queremos nos aproximar e estabelecer uma conexão com nossos adolescentes (e estimulá-los a agir!), porém, na maior parte do tempo, acabamos só sendo insistentes demais. Ou ficamos presos em um ciclo de conflito e alienação que começa com pequenas indiretas, passa por ameaças sérias e termina quando desistimos de brigar e nos rendemos desesperados porque nada parece funcionar.

Dizer "Desliga esse jogo!" para um adolescente *gamer* a cada cinco minutos é ao mesmo tempo cansativo e ineficaz, além de não contribuir em nada para que ele queira passar um tempo com você. Sendo assim, o que os pais podem fazer para se conectar com um jovem *gamer*, incentivá-lo a desenvolver hábitos mais saudáveis e apontar o caminho para uma vida adulta responsável?

Por que os adolescentes amam videogames?

Jogar videogame atrai tanto os adolescentes porque oferece a eles a oportunidade de exercitar, ao mesmo tempo, todos os quatro motivadores de independência. Os jogos eletrônicos funcionam como o portal do adolescente para um mundo à parte no qual você não tem lugar nem poder [*separação*]. No mundo dos jogos, os adolescentes podem assumir diferentes identidades e trocar de avatar apenas apertando um botão [*individualização*]. Esses avatares costumam ter desenvoltura e impor respeito [*assimilação*]. No mundo real, o seu adolescente pode estar sentado no quarto rodeado por meias sujas, tarefas escolares inacabadas e pacotes de biscoito vazios; mas, enquanto joga, ele está construindo cidades, completando missões complexas e tomando decisões rápidas [*autonomia*]. Quando ele tira aquele *headset*, corre o risco de se sentir desajeitado, ao passo que, no mundo dos jogos, se sente habilidoso e heroico. Os jogos permitem que os adolescentes se sintam mais importantes, mais competentes e mais *adultos*.

É nesse universo alternativo que muitos encontram suas tribos e seus status sociais. Pare para ouvir uma conversa deles quando estão jogando e você verá que o jeito de falar (e o vocabulário!) é completamente diferente; nem parece que são eles falando. O videogame é o equivalente ao baú de fantasias da pré-escola, pois permite que adentrem um mundo imaginário e se tornem outras pessoas.

O problema é que o videogame é muito mais difícil de ser deixado de lado do que o baú de fantasias. O videogame se conecta diretamente àquelas regiões límbicas hiperativas e movidas a recompensa do cérebro adolescente em desenvolvimento. Quando vivenciamos uma experiência tecnológica agradável, ocorre uma liberação de dopamina no cérebro, uma substância química de recompensa que nos faz querer repetir a experiência. E os jogos de videogame são especialmente pensados para continuar acionando nossos botões de recompensa (por exemplo, por meio de um sistema de pontos, distintivos, medalhas e níveis), ao mesmo tempo que oferecem a possibilidade de obter uma recompensa ainda maior se você continuar jogando.

O cérebro adolescente em particular recebe uma grande dose neural de recompensas. O tipo de progresso "debaixo para cima" do desenvolvimento de seus cérebros faz com que o centro de

O QUE FAZER QUANDO ELES SÓ QUEREM SABER DE JOGAR VIDEOGAME?

recompensa esteja funcionando super-rápido na velocidade 5G, enquanto a parte pensante funcione na velocidade 3G e com um sinal intermitente. Isso faz com que os adolescentes fiquem muito mais propensos a apertar aquele botão para jogar de novo e menos propensos a prestar atenção a qualquer pensamento de aviso sobre possíveis consequências negativas (como uma tarefa não concluída ou um pai irritado). Pensamentos sobre consequências futuras ficam localizados na parte frontal do cérebro, mais fraca, e são facilmente abafados pela empolgação tecnicolor imediata de continuar jogando.

Para nós, adultos, priorizar o jogo de videogame às tarefas escolares (tomar banho ou passar um tempo com a família) passa a impressão de prioridades distorcidas e péssima tomada de decisão; mas, neurologicamente, é muito mais difícil para os nossos adolescentes manterem suas boas intenções. Adolescentes não tomam a decisão de continuar jogando de forma madura e planejada. A parte do bom senso de seu cérebro carece de poder neurológico para assumir o controle quando os impulsos de recompensa do tipo "eu quero mais" estão a todo vapor. Como resultado, é perfeitamente possível para o seu adolescente realmente se importar com o desempenho escolar e sinceramente ter a intenção de entregar a melhor tarefa possível mas ainda assim continuar jogando até tarde da noite.

Adolescentes neurodivergentes são mais propensos a desenvolver o hábito de jogar, uma vez que têm ainda menos poder neural para resistir à tentação e controlar seus impulsos. Da mesma forma, se os adolescentes estão fumando maconha ou bebendo álcool enquanto jogam, as chances de autocontrole diminuem consideravelmente (qualquer que seja o caso do seu filho, leia o Capítulo 9 para mais conselhos). Quando adolescentes estão jogando uns com os outros, é ainda mais difícil parar de jogar. Mesmo quando querem controlar seu comportamento e sair do jogo, a ameaça de perder status social por ter sido o primeiro a parar funciona como um forte impedimento. Adolescentes estão mais propensos a tomar decisões arriscadas ou motivadas pelas recompensas quando estão na companhia de seus pares (e é por isso que empresas de seguro automotivo oferecem tarifas menores para adolescentes que não dão carona para os amigos!).

Talvez não pareça que o seu adolescente esteja sendo extremamente aventureiro ali sentado, vestindo um moletom e comendo biscoito; mas, para alguns adolescentes, o fator de risco presente nos jogos pode ser o grande motivo pelo qual se sentem atraídos por eles.[15] Muitos jogos online envolvem um elemento de perigo, como saltar sobre plataformas, desviar de balas ou perder uma vida. Para alguns adolescentes, correr risco na internet funciona como um escudo de ousadia contra os riscos muito mais assustadores do mundo real, uma bolha de faz de conta que os mantém isolados do medo e do estresse que os invadem quando tentam interagir no mundo real. A adolescência é um período no qual a pressão acadêmica e social cresce consideravelmente, o que pode ser insuportável para alguns. Quando essa pressão para se superarem é maior do que a crença em sua capacidade de serem bem-sucedidos, alguns desistem e decidem não tentar, nem na escola, nem socialmente e nem na vida adulta. Se eles não tentarem, não podem fracassar. Isolar-se dentro dos jogos é a maneira perfeita

---

15 Uma observação: não conheço nenhuma pesquisa científica que corrobore isso, mas vários pais de *gamers* já me disseram que as atividades que mais funcionam são aquelas que envolvem altas doses de adrenalina e que replicam a sensação que eles sentem ao jogar, como as montanhas-russas dos parques, *mountain bike*, escalada ou qualquer outra atividade que envolva tentar não cair e desenvolver habilidade com a prática (por exemplo, andar de skate, surfar, fazer rapel etc.). Pode valer a pena considerar algumas delas se você estiver tendo dificuldade para fazer o seu adolescente amante de videogame se interessar por outras atividades.

de evitar os difíceis desafios do mundo real; ao mesmo tempo, protege a autoestima, pois eles se tornam especialistas em algo que o seu grupo de pares admira.

Do seu ponto de vista, essa obsessão pelo videogame e a incapacidade do seu adolescente de assumir a responsabilidade pelas demandas da vida real provavelmente parecem ser preguiça, descaso ou simplesmente falta de capacidade para compreender por que é importante ir bem na escola e conseguir um bom emprego. Talvez você tenha a impressão de que o seu filho seja simplesmente incapaz de fazer as tarefas escolares e prefira desperdiçar o tempo jogando um jogo sem sentido. Entretanto, dentro do seu adolescente pode haver um jovem que entende perfeitamente o quanto tudo isso é importante, mas que se sente paralisado pela importância das tarefas e tenha dificuldade de acreditar em si mesmo. Quando os adolescentes dizem que não se importam — com a escola, com o futuro, ou com o que você pensa —, as chances são grandes de que eles realmente se importem muito com tudo isso, mas o peso dessas expectativas seja demais para eles, que acabam achando mais fácil evitar tudo (ou fazer tudo de má vontade e com o mínimo de esforço possível) e deixar o cérebro ignorar aqueles pensamentos intrusivos, substituindo-os por uma experiência mais agradável.

Como ser pai ou mãe de um *gamer*

Então, o que eu devo fazer? O meu adolescente não faz nada. Ele não tem nenhuma motivação, nenhuma proatividade. Tentar fazer com que ele desligue o videogame e faça as tarefas da escola é como dar murro em ponta de faca todo santo dia. Ele está me enlouquecendo. É compreensível que você se sinta assim. A compulsão do adolescente pelo videogame pode ser explicada, mas é extremamente frustrante para os pais, principalmente quando interfere na manutenção de hábitos saudáveis, no tempo em família e em praticamente tudo o que valorizamos. Sem contar que não contribui em nada para a construção de um bom relacionamento entre pais e filhos adolescentes. Tentar motivar um *gamer* a direcionar sua energia para outras atividades mais produtivas seria o equivalente a tentar mover uma montanha, ou a tentar distrair um tigre de sua presa. Isso porque o videogame não desperta o melhor dos nossos adolescentes. Jogar até tarde da noite atrapalha o sono deles, fazendo com que tenham dificuldade para acordar de manhã e os deixando mais propensos a reações emotivas e menos capazes de se concentrar nas tarefas escolares. Além disso, adolescentes se enraivecem com facilidade quando o seu cérebro emocional está em ascendência. Interrompê-los durante um jogo para pedir que desliguem o videogame pode provocar uma reação agressiva e desagradável.

No entanto, a principal reclamação que ouço dos pais é sobre o total desperdício de tempo, talento e potencial causado pelo videogame. Nós, pais, ouvimos durante todos os estágios de nossa parentalidade que o nosso trabalho é ajudar nossos filhos a realizar todo o seu potencial; que somos responsáveis pelo sucesso deles. A maioria de nós está disposta a aceitar que nossos filhos podem não ser os melhores em tudo; mas, ainda assim, queremos que sejam as melhores versões de si mesmos, e acreditamos que é nossa função ajudá-los nisso. Sendo assim, quando vemos nossos adolescentes desperdiçando tempo e talento, ou não se saindo tão bem quanto poderiam, ou nem ao menos tentando, nós entramos em pânico. Porque isso significa que não estamos cumprindo nossa função, não estamos sendo bons pais. Essas armadilhas de pensamento nos pegam de surpresa, e nós começamos a catastrofizar como nunca.

O tempo está passando. Ele está estragando sua vida. Se eu não conseguir colocá-lo de volta nos trilhos agora, ele não passará nas provas e se tornará um desempregado sem formação, que fica enfurnado no quarto e é incapaz de manter um emprego.

É natural que tentemos empurrar nossos adolescentes para agir. Começamos sendo gentis e razoáveis, explicando a importância de ir bem na escola. Quando isso não funciona, nós os relembramos e relembramos de novo. Relembrar se transforma em um sermão, que também não surte efeito. Nossas palavras se tornam cada vez mais críticas, motivadas pelo nosso desespero para fazê-los entender. Às vezes começamos a rotulá-los de preguiçosos e irresponsáveis (sabemos que não deveríamos, mas estamos muito frustrados). Então, sem que percebamos, estamos invadindo seu quarto para arrancar o videogame da tomada, o que também não ajuda em nada na construção dos nossos relacionamentos com eles.

É nesse ponto que muitos pais (cansados de brigar e emocionalmente exaustos) jogam a toalha e decidem simplesmente deixar que seus adolescentes façam o que bem entenderem. Nós decidimos que não há nada mais que possamos fazer, então saímos de cima deles para evitar o conflito e preservar o que resta do nosso relacionamento. *É a vida dele. Ele vai ter que aprender por conta própria.* Tentamos olhar pelo lado bom. *Poderia ser pior. Pelo menos eu sei onde ele está e que não está se metendo em confusão.*

Talvez nos sintamos gratos por eles estarem seguros em seu quarto e não na rua correndo o risco de serem vítimas de gangues, de crimes ou de bullying. Mas, em seguida, nos lembramos de que esses perigos rondam a internet também, e começamos a nos desesperar. Um artigo aparece no nosso *feed* dizendo que videogames fazem com que adolescentes fiquem mais propensos a vícios. Ouvimos algo na rádio sobre como determinado prêmio de um jogo[16] pode ser uma porta de entrada para o vício em apostas. Vemos fotos das conquistas de outro adolescente nas redes sociais e entramos em pânico com a possibilidade de o nosso estar muito atrasado e entramos novamente em um ciclo de recriminações e conflitos.

> *Desliga esse jogo idiota e mude a sua atitude. A vida não é um jogo. Você precisa se esforçar, porque a vida real é uma coisa séria, e se você não fizer por onde não vai passar de ano e não vai entrar em uma faculdade. Você está me ouvindo?*

E, é claro, que isso não funciona. E não é porque eles não estão ouvindo. Na verdade eles registram tudo o que dizemos. Quando rotulamos nossos adolescentes como preguiçosos ou irresponsáveis (por desespero, medo ou frustração), eles escutam em alto e bom som. Eles escutam, e o que entendem é que não estão cumprindo as nossas expectativas; que estão nos decepcionando; e, embora isso se torne um fardo pesado para eles, não os motiva a agir.

Por que os pais acreditam que é tão importante insistir para que os seus filhos "alcancem o seu potencial"? O que isso realmente significa? Provavelmente você acha que é uma atitude positiva. *Tem a ver com apoiar nossos filhos para que sejam felizes e acreditem em si mesmos, não é?* Dizer para os nossos adolescentes *gamers* o quanto eles são inteligentes e o quanto de potencial que têm (ou teriam se desligassem aquele videogame)

---

16 Muitos jogos virtuais oferecem como recompensa para os jogadores pacotes ou caixas que contêm prêmios aleatórios, que podem ser recompensas raras ou extremamente valiosas (embora a maioria não contenha nada disso). Os prêmios mais valiosos podem ser usados dentro do jogo, e às vezes podem ser comprados ou vendidos por um determinado preço.

pode ser a nossa forma de tentar incentivá-los; mas, traduzindo, o que realmente estamos dizendo é que agora eles não estão se saindo bem; que estão falhando em alcançar as metas que estabelecemos. Pode ser que haja verdade nisso tudo, porém, quando focamos na distância que existe entre o "potencial" deles e o lugar onde estão agora, corremos o risco de constrangê-los ao invés de motivá-los.

Adolescentes precisam que nós acreditemos neles no aqui e agora, não no futuro ou na versão idealizada que temos deles (aquela que entende como as coisas funcionam). O potencial não é nem mesmo algo real, mas um construto imaginário, isto é, a pessoa que nós achamos que eles deveriam se tornar. É uma espécie de "talvez, considerando algumas circunstâncias". Todos nós temos potenciais que não realizamos. Talvez eu tivesse o potencial de ter me tornado uma ótima jogadora de tênis, quem sabe? Não segui praticando o suficiente para descobrir.

A pressão para realizar o potencial

Sinceramente, é irrelevante pensar na pessoa que os nossos filhos poderiam ser se as circunstâncias fossem diferentes. Precisamos lidar com o adolescente que está diante de nós.

Mas eu não quero que ele dificulte a própria vida. Se ele tivesse simplesmente desligado aquele videogame e estudado um pouco mais, ou arrumado um emprego, ou simplesmente SAÍSSE DE CASA, então talvez estivesse progredindo. Nós, pais, costumamos acreditar que, quando os nossos filhos não estão se esforçando para superar os desafios da vida, isso se torna um problema que nós precisamos resolver. Quando, na realidade, é um problema que os nossos adolescentes precisam resolver. Eles precisam descobrir quais são suas próprias motivações e aprender a controlar o próprio comportamento para poder fazer uma transição bem-sucedida para a idade adulta. Nós podemos ajudar, mas não podemos fazer isso por eles. Na verdade, quando aceitamos o desafio de motivar um adolescente desmotivado, geralmente dificultamos que ele aprenda a assumir a responsabilidade por suas próprias escolhas e sobre como se automotivar.

Em vez de focar no comportamento do seu adolescente (de jogar sem parar), talvez seja mais útil pensar na motivação para esse comportamento (o que está motivando essa vontade de jogar?). Às vezes, quando os adolescentes se isolam em jogos de videogame, estão usando o jogo como ferramenta de apoio para poder lidar com as dificuldades da vida. Talvez, o hábito de jogar videogame do seu filho seja uma estratégia para lidar com as oscilações de humor ou a ansiedade, uma forma de silenciar pensamentos ou sentimentos difíceis ou, ainda, de evitar situações que os desestabilizam. Qualquer que seja o motivo, ele provavelmente não fará nenhum progresso até que resolva esses problemas mais profundos (vamos discutir mais em detalhes sobre saúde mental nos próximos dois capítulos). Ou talvez o seu filho não tenha a autoconfiança necessária para se arriscar e correr atrás de outros objetivos. Ou ainda não desenvolveu o autocontrole necessário para conseguir desligar o videogame. Independentemente do motivo por trás da vontade do seu filho de jogar, a sua principal função agora é ajudá-lo a desenvolver as habilidades emocionais, a motivação e a autoconfiança necessárias para seguir em frente. Porque nenhum potencial será alcançado até que esses três fatores se desenvolvam.

Quando converso com pais de jovens adultos que em algum momento de suas adolescências aparentavam estar completamente perdidos (em jogos de videogame, fumando maconha, ou andando com um grupo de amigos problemático), eu pergunto como ajudaram seus filhos a encontrar um caminho melhor, e um elemento comum em suas respostas é sempre que os seus adolescentes encontraram algo que queriam fazer; algo pelo qual se interessavam, uma paixão, uma motivação, uma razão para agir. E, geralmente, essa paixão não tinha nada a ver com o que seus pais esperavam deles. Em inglês, costumávamos chamar adolescentes que demoravam para amadurecer de "florescentes tardios" (*late bloomers*). Eu acho essa expressão de um simbolismo tão claro. Mas, infelizmente, em nossos ambientes escolares hipercompetitivos, eles atualmente costumam ser rotulados de adolescentes com "baixo rendimento". Tente não se deixar levar por isso. Alguns adolescentes demoram para se encontrar, e isso não é um problema.

Nesse meio-tempo, enquanto aguardamos que eles floresçam, o melhor que podemos fazer é ajudá-los a desenvolver uma espécie de autorregulação para que o videogame não controle completamente sua vida, e para que possam encontrar o caminho que querem seguir.

RELATO PESSOAL

UMA CONVERSA COM O MEU FILHO DE 21 ANOS (QUE COSTUMAVA SER UM ADOLESCENTE *GAMER* DEDICADO)

Eu: Você ainda joga videogame?

Ele: Não muito. Só de vez em quando. Quando estou na casa de um amigo, para socializar.

Eu: O que você acha que mudou? Por que você joga menos videogame hoje em dia?

Ele: Não sei dizer.

Eu: Você perdeu o interesse? Seus amigos pararam de jogar? Você tem menos tempo? Ou existem outras coisas que prefere fazer em vez de jogar?

Ele: Um pouco de tudo isso, eu acho.

Eu: Então, no livro que estou escrevendo eu gostaria de dar conselhos para os pais sobre o que fazer quando seus filhos adolescentes passam o tempo todo jogando videogame. Você acha que existe alguma coisa que os pais podem fazer que ajudaria? Ou algo que eles definitivamente não deveriam fazer?

Ele: Hum, acho que só tentar tirá-los do quarto mesmo. Você sabe, incentivá-los a fazer outras coisas.

Eu: E se eles não quiserem?

Ele: Só continuem tentando, uma hora eles vão sair.

Eu: E no caso daqueles que nunca saem? Acho que é o que os pais mais temem, que vão acabar tendo um adulto de 30 anos vivendo dentro de um quarto jogando videogame.

Ele: [Ri] Isso provavelmente não vai acontecer. Uma hora eles vão enjoar, ou ficar com fome. Ou vão começar a namorar, ou a ir para bares e procurar um emprego. Não é uma preocupação que eles deveriam ter.

Por que cobrar não funciona?

Sendo assim, como podemos direcionar os adolescentes para a autorregulação e para a automotivação? O que funciona? Bom, vamos começar com o que não funciona: cobrar. O problema de cobrar é que não é algo que faz com que o seu adolescente assuma algum tipo de responsabilidade, além de manter o problema completamente nas suas mãos e não na dele. Cobrar o isenta da responsabilidade. A cobrança coloca os pais na posição de detentores do poder e estabelece uma dinâmica de oposição que é nociva quando o assunto é educar adolescentes.

Neste momento, se você está fazendo muitas cobranças, a verdade é que está assumindo a responsabilidade pelas escolhas do seu adolescente. É você quem está se preocupando com o quanto ele joga e mandando desligar o videogame (efetivamente permitindo que ele transfira a responsabilidade pelo próprio autocontrole). É você quem está se preocupando com o fato de ele não fazer nada e tentando motivá-lo a se interessar por outras atividades (para que ele não tenha que se automotivar). É você quem está se preocupando com as tarefas escolares e insistindo para que ele as faça (efetivamente o colocando contra a parede, de forma que a única maneira que ele encontra de expressar sua independência é não estudando). Ficar cobrando significa que você está trabalhando mais em prol do seu filho do que ele mesmo; e, provavelmente, está se sentindo profundamente irritado e desvalorizado em seus esforços. Além disso, se você está trabalhando mais para garantir o sucesso do seu filho do que ele próprio, não sobra oportunidade para que ele desenvolva a motivação, o autocontrole e a autoconfiança necessários para fazer o próprio futuro acontecer. Quando tentamos permanecer no controle, cobrando nossos filhos, criamos uma dinâmica na qual ficar deitado na cama (em vez de fazer as tarefas escolares) faz com que os nossos adolescentes se sintam tomadores de decisão independentes, ainda que, aos nossos olhos, pareça uma completa abdicação de responsabilidade.

Cobrar também passa a mensagem para os adolescentes de que nós não acreditamos neles; que não os consideramos capazes de lidar com a situação ou de assumir responsabilidades. Quando assumimos as rédeas, o que estamos sinalizando é: *Eu não te acho capaz de fazer isso; você precisa que eu faça por você.* Quando fazemos o inverso disso, ou seja, recuamos e transferimos o poder, o que estamos sinalizando é: *Você dá conta. Eu acredito em você.* Se queremos que os nossos adolescentes deixem o casulo de seus quartos e saiam para encontrar motivação e autoconfiança, será necessário permitir que eles façam coisas difíceis. Adolescentes têm mais chances de superar os desafios quando se sentem bem consigo mesmos e vivenciam momentos de sucesso, em vez de estarem sempre sendo criticados por seus fracassos.

A verdade é que você não vai conseguir que seu filho tenha motivação ou acredite em si mesmo cobrando isso dele. Pelo contrário, é preciso que você transfira o poder e o eduque "olhando para o futuro". Isso significa responsabilizá-lo pelas próprias escolhas e permitir que ele aprenda com as consequências delas. Essas consequências podem ser:

- *consequências positivas* (receber elogios ou sentir-se orgulhoso de si mesmo);
- *consequências naturais* (ser repreendido na escola pelo atraso, ou não poder usar a blusa favorita porque ela não foi lavada); ou
- *consequências estruturadas* que criamos para direcioná-los na direção certa.

Em vez de cobrar por aquilo que eles não fizeram, é mais efetivo deixarmos isso a cargo das consequências e focarmos nas nossas palavras para fortalecer a autoconfiança dos nossos adolescentes, reconhecendo seus avanços e sucessos.

Parabéns por ter conseguido ir para a escola essa manhã, dava para perceber que você estava cansado.

Um pouco de reconhecimento positivo não é apenas mais motivador, mas também abre a porta para a conexão de uma forma que a crítica e a insistência não abrem.

Mas, se eu não cobrar, aí é que ele não faz mesmo! Essa situação é semelhante à do ovo e da galinha (motivo pelos qual os pais têm tanta dificuldade de não cobrar!). O estágio desenvolvimental do cérebro adolescente faz com que seja mais difícil para eles anteciparem as consequências. Mas ter que lidar com elas influencia no desenvolvimento cerebral e os faz se tornarem mais propensos a considerar possíveis consequências no futuro. Quando corremos para resgatar nossos filhos de qualquer possível resultado negativo (seja instruindo, lembrando ou cobrando que eles façam algo), eles deixam de passar por esse ciclo de aprendizado vital.

PLANO DE AÇÃO

Faça um levantamento das suas cobranças.

- Dê uma olhada nas trocas de mensagens entre você e o seu adolescente. Quantas delas são lembretes, avisos ou cobranças? (Você consegue identificá-las procurando por frases como "Não se esqueça de..." ou "Você poderia..., por favor?") Quantas dessas mensagens contêm comentários positivos sobre coisas que o seu adolescente fez certo?

Mantenha um diário durante uma semana. (Você pode fazer isso no seu telefone mesmo, usando o aplicativo de notas para facilitar ainda mais.) Anote todas as vezes que você avisou ou lembrou o seu adolescente de fazer algo. Volte a esses lembretes. Quais foram as consequências para o seu adolescente quando ele não fez aquilo que você pediu?

Estabelecendo limites para jogar videogame no caso de adolescentes mais novos

Deixar de cobrar não significa que vamos abandonar nossos adolescentes com seus videogames sem nenhuma supervisão. O objetivo é responsabilizá-los e ir transferindo essa responsabilidade aos poucos. Se você se vê preso em batalhas diárias com um jovem adolescente sobre o tempo gasto no videogame, agora é o momento de estabelecer um sistema no qual as escolhas dele têm consequências. É claro que você não quer que ele passe dia e noite jogando; logo, precisará estruturar as escolhas que estarão disponíveis para ele. Com isso, não quero dizer que você deva ameaçá-lo (*Desliga agora ou vou fazer algo que você não vai gostar!*); ameaças tendem a escalar conflitos com os adolescentes em vez de amenizá-los. O objetivo é dar genuinamente aos adolescentes poder de escolher entre as opções (*Se você escolher A, X vai acontecer; se escolher B, Y vai acontecer*), e de pesar as consequências para que, assim, possamos direcioná-los para um caminho mais positivo.

Uma das formas mais fáceis de fazer isso no caso de um jovem adolescente ou pré-adolescente é colocar o videogame como condicionante para que outras escolhas sejam feitas primeiro. Por exemplo, se você está preocupado que o hábito de jogar videogame do seu adolescente signifique que não há

O QUE FAZER QUANDO ELES SÓ QUEREM SABER DE JOGAR VIDEOGAME?

equilíbrio na vida dele, ou que ele não está fazendo nenhuma outra atividade positiva, então pode estruturar as escolhas dele, transformando a atividade de jogar videogame em uma condição para que eles façam alguma atividade física ou tenham algum hobby não relacionado à tecnologia, primeiro. Se a sua preocupação é que o seu filho não está fazendo nada para ajudar em casa, então completar as tarefas domésticas pode ser uma precondição para que ele possa jogar videogame. O que queremos é que jogar se torne uma consequência de outras escolhas positivas, em vez de apenas algo que interfere nelas.

Se eu fizer isso não o estaria tratando como criança? Eu vejo isso como uma forma de tratá-lo como um "adulto em construção". Nós não estamos dizendo aos nossos adolescentes o que fazer, e sim os responsabilizando por suas decisões (o que é basicamente a essência de ser um adulto responsável). Se eles decidirem não fazer suas tarefas, não poderão jogar videogame. Ao invés de segurarmos as rédeas e tentar mantê-los no caminho certo, estamos entregando as rédeas a eles. No entanto, também estamos estruturando os caminhos disponíveis (para que eles não possam escolher jogar durante dezesseis horas por dia) e criando uma passagem que seja mais atrativa do que a outra.

Você pode fazer com que esse sistema tenha ainda mais cara de adulto o formalizando por meio de um contrato (assinado por vocês dois), que estipule o tempo de videogame permitido e as condições que precisam ser cumpridas para isso. Se isso o ajudar a obter mais cooperação do seu adolescente, comece estipulando quanto tempo ele pode passar jogando videogame por dia (no aparelho ou no computador) sem nenhum condicionante. Assegure-se de fazer com que esse período seja menor do que o que o seu filho gostaria, mas também menor do que o máximo de tempo que você está preparado para permitir.

Caso o seu adolescente queira obter um tempo maior do que o permitido, isso ficará condicionado a outras coisas terem sido feitas antes; e isso também pode ser estabelecido no contrato. Por exemplo, o seu adolescente pode ganhar um tempo extra para jogar se participar de atividades extracurriculares positivas, algo como noventa minutos de alguma atividade esportiva depois da escola equivaleria a trinta minutos extras de videogame; ou, se ele completar todas as tarefas até as oito da noite às sextas-feiras, pode ter horas extras de videogame no final de semana; ou, ainda, se terminar todas as tarefas escolares daquela semana, terá mais tempo de videogame no sábado. Estruture essas escolhas para encorajar mudanças positivas que você gostaria de ver na vida do seu adolescente. É claro que ele, ainda assim, pode escolher não fazer nem as tarefas domésticas nem as da escola. Porém, se você estabelecer um bom contrato e se ater a ele com regularidade, existe uma grande chance de o seu adolescente se sentir motivado a segui-lo.

As opções de escolha e controle que você transfere dependerão da idade e da maturidade do seu adolescente (e de quão arraigado o hábito de jogar videogame está). No caso de adolescentes mais novos, provavelmente será melhor que você seja mais direto e especifique limites sobre quanto tempo extra de videogame pode ser conquistado (por exemplo, apenas nos finais de semana). Com adolescentes mais velhos, você pode dar liberdade para escolher quando jogar. Mas, se gastarem todo o crédito jogando durante uma maratona na noite de sexta-feira, não poderão mais jogar até que o relógio zere de novo na segunda-feira. (Essa é uma ótima forma de estimular a autorregulação; mas você deve estar preparado para lidar com a resistência e se manter firme caso eles não cumpram o combinado!)

A primeira vez que você tentar estabelecer um contrato para o uso do videogame, várias coisas darão errado. Você descobrirá

O QUE FAZER QUANDO ELES SÓ QUEREM SABER DE JOGAR VIDEOGAME?

uma lacuna que não tinha previsto ou um incentivo perverso que não tinha antecipado. O tempo que eles terão para jogar será grande demais ou pequeno demais. Pode ser que você perceba que não tem como checar se certas condições estão sendo cumpridas. Ou terá que lidar com o seu adolescente discutindo com você pelas escolhas feitas por ele. Persista. Revise o contrato para melhorá-lo depois de uma semana e continue revisando a cada quinze dias, ou mensalmente, para ajustar os termos de acordo com as circunstâncias e necessidades.

Não estou querendo dizer que você será popular com o seu adolescente. Fazer isso demandará muito esforço e consistência da sua parte. Mas se você conseguir fazer isso com calma, cuidado, respeito e colaboração, provavelmente encontrará um meio para fazer dar certo. Recompensas são incentivos muito mais poderosos para os adolescentes do que ameaças com consequências negativas. E lembre-se de sempre olhar para o futuro.

Eu entendo que você não goste desse sistema. Mas, se colaborar comigo e me mostrar que é capaz de fazer boas escolhas e de manter um combinado, então, verei que você é responsável e poderemos conversar sobre mudar algumas dessas regras.

O que estamos tentando fazer é estimular a responsabilização. Por isso, quanto mais colaborativo você puder ser ao negociar o contrato, melhor.

O quanto antes você puder implementar esse tipo de regra com adolescente *gamers*, melhor. A minha sugestão seria fazer isso assim que um videogame entrar na casa, ou, pelo menos, assim que ficar claro que o seu adolescente ou pré-adolescente está propenso a ser seduzido por ele. Criar um contrato para o videogame não significa que não precise estabelecer outras regras para os outros tipos de tecnologia. Aquelas compensações para o uso do celular que se aplicam à família toda, sobre as quais conversamos no Capítulo 4, também deveriam se aplicar aos dispositivos com jogos: manter os aparelhos de videogame fora do quarto sempre que possível, ou estar preparado para desconectá-lo e removê-lo quando chegar a hora combinada.[17] Estabeleça regras não negociáveis para a hora de desligar o videogame à noite (e não ceda).

E se agora for tarde demais? Não há nenhuma chance de o meu adolescente concordar com nada disso, e, de qualquer forma, não vou estar em casa para supervisionar se ele está seguindo o combinado ou não. Se você sentir que já é tarde para estabelecer essas regras, principalmente se tiver um adolescente mais velho, talvez tenha que usar uma tática diferente e canalizar as suas habilidades Jedi de educação para direcioná-lo para escolhas e rotinas mais positivas.

Como convencer um *gamer* dedicado a mudar sua rotina?

Rotinas diárias são muito importantes porque nos ajudam a implementar nossos hábitos, que podem ser tanto negativos, como ficar acordado até as três da manhã jogando, ou positivos, como acordar cedo de manhã, terminar as tarefas da escola, fazer exercícios físicos e ajudar em casa. Quando você segue uma rotina, as escolhas se tornam mais automáticas.

---

17 Um conselho baseado na minha experiência pessoal: não confie que apenas tirar o controle do videogame à noite funcionará, por que até mesmo o adolescente *gamer* mais desorganizado encontrará uma maneira de conseguir esconder um controle reserva para conseguir aquela dose de dopamina!

Portanto, conseguir colocar adolescentes em uma rotina mais positiva os ajuda a desenvolver autodisciplina para fazer tarefas essenciais, ao mesmo tempo que ajuda a reduzir conflitos frequentes sobre determinados problemas.

Com isso não quero dizer que incentivar um adolescente desmotivado a adotar uma rotina saudável seja uma tarefa fácil. Você precisará lidar com a sua frustração, usar todas aquelas estratégias de conversação que discutimos no capítulo anterior e canalizar todo carinho, crença e positividade (em um momento em que esses fatores podem estar em falta) para poder navegar por um caminho colaborativo entre os seus próprios princípios e as inclinações atuais do seu adolescente. É realmente uma forma Jedi de educar. Mas você verá que, ao lidar com a mudança dessa maneira, estará tratando o seu adolescente como o adulto responsável que quer que ele se torne, bem como dando o exemplo do tipo de relacionamento que quer manter com ele.

Combine um momento para que vocês possam sentar e conversar sobre isso.

> Eu tenho a sensação de que ultimamente estou sempre cobrando você sobre as tarefas da escola*/o tempo que você passa jogando videogame*/as tarefas domésticas* [*exclua o que não for necessário], o que não é muito agradável para nenhum de nós. Eu gostaria de ter dez minutos para sentarmos e pensarmos num plano juntos para que possamos parar de discutir. Quando seria um bom momento para fazermos isso hoje ou amanhã?

Dê a eles opções para escolher quando (e não se) a conversa pode acontecer. Ao plantar a semente e tratá-lo como um participante maduro da situação, talvez você consiga (talvez!) evitar que ele se sinta encurralado e sem escolha. Se ele tentar evitar participar da conversa planejada, insista com firmeza, mas gentileza. Tente escolher o momento certo, mas realmente faça com que essa conversa aconteça.

Comece questionando o seu adolescente sobre o que ele acha, em vez de começar logo com uma reclamação ou solução. Mesmo que ele não ache que exista a necessidade de mudança, explique com calma por que isso está causando problemas para você.

> *Eu me preocupo com você, e é importante para mim poder ajudá-lo a tomar boas decisões sobre as tarefas da escola e sobre o seu bem-estar. No momento, estou me sentindo frustrado porque as coisas não estão sendo feitas quando eu espero que sejam, por isso acabo cobrando você e nós acabamos discutindo. Seria ótimo se tivéssemos um plano claro, com o qual ambos concordamos, para quando você fará as tarefas da escola, para que eu possa parar de cobrá-lo e possa deixá-lo em paz.*

Não reaja a qualquer bomba que seu filho lance na conversa. Considere todo comentário uma contribuição. Você precisa controlar a sua própria amígdala reativa e respirar!

> *Adolescente: A minha sugestão é que você me deixe em paz para viver a minha vida do meu jeito!*

> *Pais: Sim, isso provavelmente seria mais fácil para você no curto prazo. Mas eu me preocupo com você e não acho que essa seria uma atitude responsável enquanto pai; também não acho que seria bom para você no longo prazo; por isso, vamos precisar pensar em como fazer concessões.*

Não espere que o seu adolescente tenha as mesmas prioridades que você. Em vez disso, coloque em prática as suas habilidades de escuta empática. O seu objetivo não é convencer seu filho a ver o mundo da mesma forma que você. O seu objetivo, nesse caso, é colaborar com ele para chegar em um acordo sobre uma rotina diária minimamente melhor.

Adolescente: Mas eu não ligo para a escola.

Pais: É verdade. Percebo que as tarefas escolares não estão sendo estimulantes agora e que você não se sente motivado por elas. Mas a escola faz parte da vida, então vamos ver como podemos fazer as coisas funcionarem um pouco melhor para você.

O ideal é que consigamos atrelar isso aos objetivos do seu adolescente. Se ele gostaria de cursar uma faculdade (apesar de não fazer nenhum esforço para isso), então tente identificar uma pequena mudança que ele poderia incorporar em sua rotina que o faria se aproximar desse objetivo. Se, por outro lado, ele não tiver nenhuma outra motivação além de jogar videogame, aceite. Mas não aceite a forma como isso está sendo manifestado.

Eu entendo. Neste momento você não está preocupado com o futuro, e não sabe o que gostaria de fazer quando terminar a escola. Não tem problema. Você é adolescente e tem bastante tempo ainda para descobrir. Talvez daqui a um ano, você, de repente, decida que quer se tornar um chocolatier. Talvez daqui a cinco anos descubra um amor pela engenharia, pela ciência da computação ou pela escalada. Eu não sei. Você não sabe. Nesse meio-tempo, vamos focar em mantê-lo saudável e bem, e assegurar que você mantenha quantas portas abertas for possível, até que descubra por qual delas gostaria de entrar.

Convide o seu filho a apresentar ideias. Talvez você acredite que a melhor rotina de estudo consista em acordar às seis da manhã no sábado, terminar tudo antes do café da manhã; mas é inútil insistir que o seu adolescente siga esse cronograma se ele se mostrar completamente contrário à sugestão. Você sabe o que irá acontecer: ele ignorará o despertador das 6 horas e apertará a opção da soneca pelas próximas 3 horas. Em vez disso, converse com ele sobre qual seria o melhor horário para estudar; o que funcionaria melhor para ele; quais seriam as atividades fixas no dia dele. Será que existiria um horário em particular no qual é mais importante para ele jogar (por exemplo, porque é o horário em que a maioria dos amigos dele está online)? Identifique o que precisa ser feito, bem como quando e onde estão as lacunas no dia dele. Discuta quantas horas de videogame são razoáveis nos dias letivos. Talvez você ache útil usar um cronograma visual no qual os horários fixos estejam bloqueados e ambos possam ver claramente quais são os intervalos de tempo disponíveis (isso também dará a vocês um ponto focal, o que pode diminuir os níveis de tensão).

Trabalhe junto ao seu filho para desenvolver uma rotina possível. Tente antecipar possíveis dificultadores e facilitadores. Jogar videogame é uma atividade que cria hábitos, e mudá-los é difícil; por isso, talvez você tenha que considerar algumas recompensas para ajudar seu filho a se manter na rotina. Por exemplo, oferecer uma maratona de videogame na sexta-feira como recompensa por fazer uma mudança naquela semana. Identifique alguns facilitadores fazendo perguntas como *O que te ajudaria a manter essa rotina?* Talvez seu filho precise de um apoio prático (como um quadro de horários no quarto ou um novo relógio com função despertador). Ou talvez você seja capaz de ajudar oferecendo pequenas recompensas para mantê-lo motivado, como pedir a pizza favorita dele caso ele faça todas as tarefas daquela semana.

O QUE FAZER QUANDO ELES SÓ QUEREM SABER DE JOGAR VIDEOGAME?

A rotina que vocês estabelecerem não precisa ser perfeita; mesmo as pequenas vitórias incrementais valem a pena. Você não conseguirá estabelecer uma rotina ideal, e talvez nem acredite que as sugestões do seu filho possam funcionar. Mas concorde em testar as melhores ideias dele por uma semana para ver o que acontece, deixando claro que vocês voltarão a discuti-la se não funcionar e tentarão outras ideias diferentes no lugar. Estabeleça encontros para avaliar a rotina, porque, se ela não funcionar, vocês podem ajustá-la. Siga a mesma abordagem que seguiu para a conversa inicial: deixe que seu filho tenha voz para decidir onde e quando a conversa ocorrerá (e não *se* ela ocorrerá). Comece perguntando como ele acha que está se saindo: O que funcionou bem? O que não funcionou e por quê? O que ele aprendeu? Com certeza haverá falhas (mas não necessariamente porque ele não tinha boas intenções; mas, provavelmente, porque o cérebro dele foi tomado pelo centro de recompensas). Esses encontros de avaliação não são uma oportunidade para que você chame a atenção do seu filho por essas falhas, e sim uma oportunidade para colaborar e tentar encontrar formas de ajudá-lo a superar possíveis obstáculos.

Lembre-se que as largadas podem ser queimadas e erros fazem parte do ciclo de aprendizagem. Se você tem um *gamer* na sua casa, mudar a rotina dele não é o objetivo. Obrigá-lo a fazer a tarefa da escola também não é o objetivo final. Em última instância, ajudá-lo a seguir em frente diz respeito a ajudá-lo a aprender a se autorregular, a se automotivar e a caminhar na direção do próprio futuro. Toda vez que motivamos os nossos adolescentes a sair do videogame e de seus quartos, criamos uma oportunidade para que eles encontrem o caminho que os levará na direção de seu futuro.

Mas há uma grande ressalva aqui: o seu filho precisa ser capaz de encarar esse futuro. Se o motivo por trás de o seu adolescente ter buscado refúgio no videogame foi fugir das oscilações de humor ou de situações de mal-estar, simplesmente desligar o jogo não ajudará. Motivá-los a adotar uma rotina positiva continuará sendo importante, mas priorizar o carinho e a conexão será fundamental. Se o refúgio do seu adolescente no videogame for uma novidade ou algo extremo ou acompanhado de uma mudança súbita de humor, então realmente vale a pena se perguntar o que pode estar acontecendo no seu interior.

CAPÍTULO 7

COMO AJUDAR A MELHORAR AS OSCILAÇÕES DE HUMOR DO SEU ADOLESCENTE

É comum que os adolescentes passem por oscilações de humor, ficando mais "para baixo" e desanimados. Ser adolescente nos dias de hoje já é desafiador o suficiente, e, quando as regiões do cérebro emocional estão a todo vapor, os altos e baixos costumam ser extremos. Para alguns adolescentes, períodos de rebaixamento de humor podem se tornar mais graves e prolongados, e uma simples ação como abrir as cortinas (o que dirá sair do quarto) pode ser demais para eles.

Não importa se o seu filho está lidando com uma depressão diagnosticada ou simplesmente passando por dias difíceis, existem muitas coisas que podemos fazer para nos aproximarmos e nos conectarmos com eles. O primeiro desafio é reconhecer os sinais de rebaixamento de humor, o que é mais difícil do que parece. Pais geralmente confundem os sintomas com mau comportamento ou consideram as maneiras que os filhos encontraram para lidar com isso como sendo a sua causa. Por exemplo, quando os vemos jogando videogame ou rolando o *feed* de suas redes sociais compulsivamente, ou exagerando no consumo de açúcar, costumamos achar que essas são as causas do problema quando, na verdade, podem ser uma forma de tentar lidar com a situação, algo que esteja lhes dando prazer ou os ajudando a passar o tempo quando se sentem tristes e oprimidos de alguma forma.

Enxergar além do comportamento do adolescente e tentar identificar pensamentos e sentimentos que podem estar por trás disso pode nos ajudar a nos colocar no lugar deles e julgar suas escolhas com menos rigor. É quando o humor do adolescente está rebaixado que manter uma relação amorosa e compreensiva se torna ainda mais importante. Precisamos diminuir a pressão sobre eles, parar com as críticas e criar um espaço acolhedor para que se sintam bem novamente.

Quais são os sinais de rebaixamento de humor em adolescentes?

Quando pensamos em rebaixamento de humor, geralmente imaginamos tristeza, talvez algumas lágrimas, ou mesmo uma letargia e um desinteresse generalizado pelas coisas. Se você perceber esses sinais no seu adolescente, e, principalmente, se sinalizarem uma mudança do comportamento normal dele, então provavelmente ele está passando por um período de rebaixamento de humor. Talvez você note uma perda repentina de interesse pelas atividades do dia a dia. Por outro lado, um rebaixamento de humor grave pode se manifestar como uma completa falta de energia ou de motivação para fazer até mesmo as coisas mais simples, como autocuidado básico ou higiene. Existem sintomas físicos também, como mudanças de apetite e nos padrões de sono.

COMO AJUDAR A MELHORAR AS OSCILAÇÕES DE HUMOR DO SEU ADOLESCENTE

Entretanto, é comum que esse rebaixamento de humor se manifeste nos adolescentes na forma de rispidez, irritabilidade e agressividade. Talvez o seu adolescente se esconda atrás do silêncio e da indiferença, e reaja com raiva quando você o questiona ou tenta fazer com que ele interaja. Adolescentes são mais propensos do que os adultos a demonstrar raiva como um sintoma de humor rebaixado ou depressão, o que dificulta para que os pais possam identificar o que realmente está acontecendo. Quando o rebaixamento de humor se manifesta por meio de um comportamento agressivo ou desrespeitoso, é preciso que os pais façam um esforço sobre-humano para enxergar além desse comportamento e identificar as emoções por trás disso. A maioria de nós fica tão ocupada reagindo às atitudes espantosas dos nossos adolescentes que não consegue identificar o sofrimento por trás dessas ações (e, depois, se sente profundamente culpada quando percebe o que realmente estava acontecendo dentro deles).

A procrastinação é outro sinal clássico de humor rebaixado. Adolescentes tendem a adiar suas tarefas escolares e domésticas e depois ficam estressados quando perdem os prazos (ou quando o pai ou mãe se irrita com a louça que não foi lavada). Celulares e videogames costumam desempenhar um papel importante nesse ciclo de procrastinação, dificultando ainda mais que os pais consigam identificar essas mudanças de humor. Quando o adolescente se isola na tecnologia, isso interfere no diálogo e no tempo em família, duas coisas essenciais para que possamos ter uma ideia do que realmente está acontecendo com ele.

Quando o rebaixamento de humor se manifesta na forma de raiva, preguiça ou indiferença, é comum que pais que dividem a responsabilidade pela educação dos filhos tenham visões díspares do que está acontecendo e de qual seria a melhor forma de lidar com isso. Um dos pais pode interpretar como desobediência e querer estabelecer limites e consequências, enquanto o outro pode ver como humor rebaixado ou sentimentos complexos e querer responder com empatia. Amigos e outras pessoas da família também opinam, talvez dizendo que você precisa ser mais rígido com seu filho, impor limites e parar de ser complacente, quando o que você vê é uma criança com dificuldade, se descontrolando por causa do estresse. A melhor forma de entender o que realmente está acontecendo e como você pode ajudar com certeza começa com uma conversa com o seu filho.

É rebaixamento de humor ou depressão?

No Capítulo 9, apresento algumas diretrizes sobre quando você deveria procurar ajuda profissional para lidar com questões de saúde mental do seu adolescente (e onde encontrar essa ajuda). Mas, como regra geral, se o humor do seu filho puder ser explicado pelas circunstâncias ao redor dele e se ele estiver agindo de maneira a buscar alívio para o que está sentindo (sem se colocar em risco), isso costuma ser um bom sinal. Mesmo assim, talvez ele ainda precise de algum tipo de apoio, e esses sentimentos podem ser difíceis de lidar (e de testemunhar); contudo, provavelmente não se trata de uma questão de saúde mental.[18] Por exemplo, se o seu adolescente passou por um término e está se sentindo para baixo, emotivo e relutante em

---

18 Lisa Damour resume muito bem: "Saúde metal não é sentir-se bem. Pelo contrário, tem a ver com sentir os sentimentos certos na hora certa e com a capacidade de lidar com eles de maneira efetiva". DAMOUR, Lisa. *The Emotional Lives of Teenagers.* Allen & Unwin, 2023.

COMO AJUDAR A MELHORAR AS OSCILAÇÕES DE HUMOR DO SEU ADOLESCENTE

participar de suas atividades rotineiras, saiba que essa é a resposta emocional apropriada. Se ele estiver escutando músicas tristes, chorando, revendo fotos antigas, escrevendo poemas ou saindo para dar uma volta para tentar espairecer; essas também são estratégias de enfrentamento (*coping*) inofensivas. Com sorte, a dor que ele está sentindo passará rapidamente e seu humor melhorará.

Por outro lado, se o seu adolescente parece estar preso em um estado de espírito negativo já faz um tempo; ou com o humor rebaixado sem nenhum motivo lógico aparente; ou sentindo uma tristeza que não consegue aliviar; ou demonstrando sinais de mudanças físicas, como perda de peso; ou se relatar se sentir anestesiado ou desamparado, ou inútil ou envergonhado a ponto de ter dificuldade para lidar com tarefas básicas do dia a dia, é provável que ele esteja com depressão, e você deveria buscar ajuda profissional. Se ele não aparentar estar tão pra baixo mas estiver usando estratégias de enfrentamento nocivas (como automutilação, drogas, álcool, colocar fogo nas coisas), esse é um sinal claro de que a saúde mental dele pode estar comprometida. Apenas profissionais de saúde mental treinados podem diagnosticar a depressão, por isso você precisará buscar ajuda especializada.

Nesse meio-tempo, independentemente de se tratar de um breve rebaixamento de humor ou de uma depressão mais prolongada (ou se você estiver preso em um limbo enquanto aguarda uma avaliação ou um tratamento), as estratégias apresentadas na próxima seção o ajudarão a ser o pai ou mãe de que o seu adolescente precisa para poder voltar a se sentir esperançoso.

ALGUMAS BREVES PALAVRAS SOBRE SUICÍDIO

Se você está preocupado que o seu adolescente possa estar pensando em fazer mal a si mesmo, não tenha medo de perguntar isso a ele diretamente.

Você tem tido pensamentos mais sombrios? Talvez esteja pensando que a vida não vale a pena? Ou pensando em se machucar?

Se o seu adolescente estiver pensando em suicídio, provavelmente será um alívio para ele poder falar sobre isso. Não se preocupe que isso de alguma forma dará a ele a ideia ou colocará esses pensamentos na cabeça dele.

Se seu filho revelar pensamentos suicidas, escute com calma e sem julgamentos (disfarce o seu choque e guarde para poder lidar com isso depois). Procure ajuda profissional assim que possível por meio do pediatra do seu filho.

Se você acredita que ele está correndo o risco iminente de se machucar, leve-o para o serviço de emergência do hospital mais próximo. (Caso ele se mostre relutante em ir para o hospital, procure ajuda dos serviços de emergência.)

Como apoiar o seu adolescente

Educar um adolescente que está passando por um período de rebaixamento de humor pode ser uma tarefa solitária e repleta de inseguranças. Quando os adolescentes se recusam a falar (ou querem falar apenas com você), é difícil se sentir confiante sobre as escolhas parentais. Você não pode usar uma varinha mágica para consertar o seu adolescente: a recuperação dele seguirá o seu próprio fluxo. Você nem sempre saberá qual é a coisa certa a fazer ou dizer e frequentemente se sentirá desolado quando nada do que fizer parecer funcionar ou quando cada pequeno avanço for seguido pelo que parece ser um retrocesso. Seu objetivo é continuar se mostrando presente não importa o que aconteça; continuar demonstrando que se importa; que está do lado dele; que ele não está sozinho. Procure manter o relacionamento e a possibilidade de conexão sempre abertos também.

Esse é o momento para deixar de fazer valer as regras; em vez disso, seja gentil. Sei que o ideal seria que o seu filho saísse do quarto e participasse do jantar em família; porém, se o rebaixamento de humor estiver tornando isso muito difícil para ele, talvez seja o momento de deixar de lado os seus princípios, entrar no quarto dele com uma refeição saudável e um sorriso, não acha? Não há apenas uma forma de educar, e, se seu filho estiver tendo dificuldades para interagir com o mundo ou para se sentir feliz, as suas estratégias precisam se adaptar a isso. Ajudar um adolescente que está para baixo a se sentir compreendido, visto e amado é uma atitude realmente terapêutica. Isso não tem a ver com descobrir uma forma de fazer com que ele melhore, mas sim com caminhar ao lado dele durante os momentos difíceis e proporcionar um relacionamento que pareça sólido o bastante para apoiá-lo enquanto ele descobre uma maneira de passar por isso. Tem a ver com deixar que ele saiba que você o ama incondicionalmente e que esse amor é grande o bastante para absorver o que quer que ele esteja sentindo.[19]

Como posso fazer isso quando o meu adolescente nem ao menos sai do quarto? Você terá que continuar insistindo na porta do quarto. Tente escolher os melhores momentos para entrar

---

19 Essa é uma abordagem que Suzanne Alderson denomina "ser parceiro e não educador" em seu maravilhoso livro *Never Let Go: How to Parent Your Child Through Mental Illness* [Nunca desista: Como criar o seu filho com doença mental, em tradução livre]. Vermillion, 2020.

no espaço dele de forma gentil e amigável. Coloque a cabeça lá dentro (não se esqueça de bater antes) para ver se ele precisa de algo. Ou simplesmente leve algo gostoso para mostrar que se importa (ignore qualquer cara feia). Um chocolate quente com chantili e marshmallow é um convite irrecusável para entrar na maioria dos quartos de adolescentes. Mesmo que o seu filho não beba o chocolate quente, ele o verá como um sinal de que é amado e de que você se importa. Esses pequenos gestos dizem muito. Se ele demonstrar receptividade, você pode até ficar um pouco mais. Talvez possa se sentar na cama dele e contar algo sobre o seu dia, quem sabe? Embora isso não funcione com frequência, às vezes dá certo, e você poderá ficar um pouco mais com ele, ter uma conversa de qualidade e talvez ele até concorde em sair do quarto. Siga tentando. Fique atento às melhores oportunidades e respeite as escolhas dele. Se ele realmente não quiser interagir com você, saia do quarto.

Parece que você não quer conversar comigo agora. Eu volto mais tarde.

Quando somos gentis com os nossos adolescentes, demonstramos a eles como serem gentis consigo mesmos e sinalizamos que eles merecem autocuidado e compaixão. O seu gesto de gentileza nem sempre será valorizado. Geralmente será ignorado e, às vezes, quando o seu filho estiver na defensiva, isso será rejeitado com uma dose extra de desprezo. Não se deixe abater por essas tentativas fracassadas e tente não cair em provocações. Mas e quando funcionar? Quando ele retribuir o sorriso, ou agradecer, ou lhe der um abraço e disser que você é demais, lembre-se de valorizar esses momentos e de aproveitá-los. Esses pequenos momentos são muito mais importantes do que parecem. Continue se mostrando disponível e amoroso.

COMO AJUDAR A MELHORAR AS OSCILAÇÕES DE HUMOR DO SEU ADOLESCENTE

Demonstre isso ao seu filho por meio de pequenos atos de gentileza, que deixem claro o quanto você gosta e se preocupa com ele e que está disponível para conversar se ele quiser. Mesmo que ele não aceite a sua oferta, ainda assim terá um impacto.

Procure evitar passar mensagens negativas (por exemplo, *Se você não se animar e sair da cama, ficará para trás e nunca conseguirá ficar em dia com as tarefas da escola*). Um adolescente que está se sentindo para baixo já está se sentindo mal, e não precisa de mais motivos para sentir que está fracassando. Passar mensagens positivas será mais útil. A desesperança é um fator determinante do rebaixamento de humor, por isso seja uma fonte de esperança para seu filho. Com isso não quero dizer para você minimizar o jeito como ele está se sentindo e dizer que tudo ficará bem, mas sim para que use aquelas habilidades de escuta empática e ser o ombro amigo com o qual ele pode contar. Além disso, tente garantir a ele que, mesmo que tudo pareça difícil agora, nem sempre será assim. E que, embora seja difícil imaginar um futuro melhor, isso não quer dizer que esse futuro não esteja esperando por ele lá na frente.

Ao invés de mencionar hábitos nocivos dele, procure elencar gentilmente padrões positivos:

Percebi que você fica um pouco mais feliz nos dias em que acorda cedo.

Você pareceu gostar daquele passeio.

Focar nos pequenos passos positivos pode ajudar o seu adolescente a recuperar a sensação de controle e autonomia, por isso celebre as pequenas vitórias e os momentos leves, bem como tente não presumir que cada passo positivo promoverá um grande avanço. O caminho para superar o rebaixamento de humor costuma ser tortuoso ao invés de uma linha reta, com dias ruins sucedendo os dias bons. O que funciona hoje não funcionará amanhã, mas você precisa continuar tentando.

Procure deixar seus medos e preocupações (sobre as tarefas escolares, o futuro, as oportunidades etc.) fora de suas interações com o seu filho. Talvez deva aliviar um pouco da pressão por alguns dias, algumas semanas, um ano, pelo tempo que for necessário. Porque, na verdade, existe uma hierarquia das coisas que importam nesse momento. Para que o seu filho seja bem-sucedido (na escola, com a família e na vida), uma boa saúde mental é essencial. O seu adolescente precisa dos recursos mentais e emocionais para se sentir preparado para enfrentar os desafios diante dele; e pode ser que isso não ocorra dentro do cronograma que você (ou o sistema escolar) gostaria.

E o mais importante: procure não despejar seus próprios sentimentos em um adolescente que já está tendo dificuldade para lidar com as suas próprias emoções (principalmente se as dores dele estiverem fazendo com que você se sinta mal ou desenterrando suas próprias dores do passado). Você certamente não se sairá bem em todas as conversas; em algumas delas você se sairá muito mal. Quando você errar ou deixar transparecer a sua frustração, reconheça isso como uma questão sua. Admita que a sua reação veio de um lugar de preocupação e que não ajudou. Retome, redirecione e revisite aquela conversa em um momento mais oportuno. E veja isso como um lembrete para priorizar o seu próprio autocuidado e para ser gentil consigo mesmo, da mesma forma que está tentando fazer com seu adolescente.

Algumas sugestões para melhorar o humor do seu adolescente

Não podemos remediar o humor de um adolescente, mas podemos ajudá-lo a melhorar, focando em fatores simples e positivos do estilo de vida dele. O objetivo não é prescrever soluções, mas gentilmente ajudá-lo a testar estratégias que melhoram o humor e que podem funcionar para ele. Isso precisa ser feito com gentileza, paciência e sem criticismo. Uma vez, um especialista em saúde mental me descreveu esse processo como o ato de puxar um fio frágil. Imagine um fio de algodão preso ao seu filho. Para encorajá-lo a se mover na direção que gostaria, você precisará puxar esse fio. Mas se puxar com muita força, o fio se romperá. Sendo assim, puxe gentilmente e, se sentir muita resistência, solte o fio. Persista com cuidado e gentileza, e, finalmente, quando você puxar o fio, seu filho se moverá um pouco. Ele concordará em sair para dar uma volta, em comer uma refeição saudável ou simplesmente em abrir as cortinas do quarto e tomar um banho. E, durante essa experiência, sentirá um breve alívio do rebaixamento do humor e talvez descobrirá o que fazer para sentir esse alívio de novo.

Muitos desses fios não surtirão efeito, mas não se deixe abater porque nunca se sabe até onde um fio pode levar. No auge da depressão, quando a alimentação estava irregular e errática, meu filho realmente gostava de comer um prato de comida tailandesa (e apenas esse prato) entre as opções saudáveis que tínhamos de restaurantes que entregavam em casa. Sendo assim, eu puxava esse fio com frequência (era um dos vários fios que eu tentava puxar!). Geralmente ele saía do quarto quando a comida chegava; e, embora não ficasse muito tempo, às vezes tínhamos algumas trocas positivas. Eu descobri um livro de culinária tailandesa que tinha a receita daquele prato e dei para ele de Natal. O livro ficou parado na prateleira acumulando poeira, até que um dia ele me disse que gostaria de tentar cozinhar o seu prato preferido, e eu corri para o supermercado e comprei todos os ingredientes. Quando voltei para a casa, ele já tinha mudado de ideia; mas duas semanas depois tentamos fazer o prato juntos. Algumas semanas depois ele fez o prato de novo e em seguida tentou fazer outra receita do livro. Aos poucos ele foi descobrindo uma paixão por cozinhar que acabou sendo um dos principais motivos da melhora em sua saúde mental. Nós nunca saberemos qual fio funcionará, nem até onde ele irá levar.

As sugestões de estratégias para melhorar o humor, a seguir, não devem ser vistas como soluções rápidas e garantidas. Elas só funcionarão se o seu adolescente estiver disposto a tentá-las, mas não deixam de ser fios que vale a pena puxar. Esses estimuladores de humor podem ser úteis tanto quando o seu filho estiver se sentindo apenas meio para baixo ou (para além da ajuda profissional) quando estiver preso em uma fase ruim.

Praticar exercícios físicos

Muitos adolescentes desistem dos esportes que praticavam em grupo quando crianças geralmente por questões de autoimagem, mudanças no grupo de amigos, ou simplesmente por falta de interesse. Entretanto, a prática de exercícios físicos faz muito bem para a nossa saúde mental. Se somarmos o tempo gasto fazendo tarefas escolares com o tempo no quarto mexendo em dispositivos eletrônicos podemos chegar a indicadores de uma vida bastante sedentária para os adolescentes nos dias de hoje. Sendo assim, o que você puder fazer para aumentar os índices de atividade física será benéfico para o humor deles.

Um adolescente que está se sentindo para baixo e não gosta de praticar esportes pode não lidar bem com a sugestão de que entre para um time de vôlei; então, talvez você precise procurar oportunidades para que ele possa se exercitar durante pequenos intervalos de tempo. Qualquer aumento de atividade física já ajuda. Ir a pé até a padaria, uma partida rápida de futebol no quintal, fazer quinze minutos de ioga seguindo um vídeo da internet ou uma aula de dança; qualquer coisa que incentive o seu adolescente a se movimentar vale a pena. Toda vez que você sair a pé para algum lugar, pergunte se ele gostaria de acompanhá-lo. Ele provavelmente dirá "não", mas existe a possibilidade de um dia dizer "sim" (e, enquanto isso, você fará com que se sinta amado e incluído.

Ter uma alimentação saudável

Cada vez mais as evidências sugerem que o intestino interfere no humor e no bem-estar. Muitos adolescentes desenvolvem hábitos alimentares ruins, principalmente quando estão se sentindo para baixo, com uma dieta repleta de chocolate, frituras e fast food. Faça o possível para que seu filho coma algum tipo de comida rica em nutrientes. Talvez você precise ser criativo, especialmente se ele se mostrar relutante em provar qualquer alimento saudável. Lembra da época em que você costumava colocar frutas e vegetais escondido nas refeições dele quando era pequeno? Pois bem, se funcionar, vale a tentativa! Tente fazer vitaminas com iogurte grego, probióticos e a fruta favorita dele (acrescente um pouquinho de mel se necessário para que fique mais doce), sopas batidas ou molhos de macarrão feitos com ingredientes verdes disfarçados. Esteja preparado para ceder. O ideal é ótimo em situações perfeitas, mas fazer com que um adolescente deprimido que não se alimenta bem consuma nutrientes geralmente demanda concessões para dar início à mudança.

Lembre-se de que todas as vezes que você entra no quarto dele levando um suco de frutas ou uma banana é também um pequeno gesto de amor e gentileza. Você não pode forçar ou tentar argumentar com um adolescente deprimido para que ele coma melhor, mas pode colocar um prato de comida na frente dele com um sorriso no rosto e dar um beijo em sua testa (e levar esse mesmo prato embora com a mesma atitude, ainda que ele não tenha comido). Mesmo que aquela banana apodreça na mesa de cabeceira ou que a sua sugestão seja recusada na hora, continue tentando.

(Uma observação: enquanto estou escrevendo este livro, posso ouvir o meu filho já não tão adolescente na cozinha fazendo uma vitamina no liquidificador. Como eu disse, o nosso objetivo será alcançado no longo prazo, e nunca saberemos até onde aquele fio irá nos levar...)

Passeie na natureza

Se o seu adolescente não estiver dormindo bem ou se estiver passando muito tempo no quarto, talvez um pouco de luz do sol o ajudará a reiniciar o seu ritmo circadiano. Se o rebaixamento do humor do seu filho se prolongar, impedindo que ele siga com a rotina, tente fazer com que ele saia de casa. Até mesmo alguns minutos na natureza já ajudam a melhorar o humor; por isso, se possível, incentive-o a procurar áreas verdes. Seja criativo. Grandes áreas verdes, pequenas áreas verdes, o que funcionar. Leve o cachorro para passear em uma mata próxima, dirija até a costa para caminhar pela praia mesmo no inverno, ou simplesmente sentem-se em um banco no quintal.

A exposição à luz do sol é considerada uma das principais formas para reiniciar e regular padrões de sono (horas de dormir e acordar). Eu sei (consigo ver os seus olhos se revirando!), tentar convencer um adolescente a sair da cama cedo é um desafio hercúleo, mas talvez você possa entrar sorrateiramente no quarto e abrir a cortina (e torcer para que a inércia o impeça de sair da cama para fechá-la de novo!).

Dormir bem

Se o humor do seu adolescente estiver rebaixado, ele pode estar dormindo demais, de menos ou nos horários errados. Nós sabemos que uma boa higiene do sono (por exemplo, se deitar sempre na mesma hora todos os dias e não usar dispositivos eletrônicos tarde da noite) pode ajudar a estabelecer rotinas de sono positivas; porém, quando adolescentes estão para baixo, costumam ter o oposto de bons hábitos de sono. E, quando eles não dormem bem, o impacto no humor (apetite e bem-estar) pode ser enorme.

Em vez de prescrever uma solução que seu filho não implementará, tente trabalhar com ele para encontrar soluções que possam funcionar e esteja aberto a explorar possibilidades juntos. O que ele já tentou fazer quando não conseguia dormir? O que poderia melhorar a qualidade do sono? Seja gentil e demonstre curiosidade (não há nada mais irritante para uma pessoa que não consegue dormir do que ter de ouvir tudo o que ela está fazendo de errado). Colabore para que, juntos, vocês cheguem a uma lista de sugestões para testar. Alguns pais relatam sucesso com a ajuda de cobertores pesados, sons de fundo ou meditação.

Se o seu adolescente estiver realmente para baixo e, especialmente, se você estiver preocupado com a possibilidade de automutilação, assegure-se de que ele saiba que pode procurá-lo durante a noite. Pensamentos e sentimentos complexos podem surgir quando os adolescentes estão acordados tarde da noite. Muitos pais de adolescentes com depressão têm histórias para contar das noites que passaram em claro com seus filhos quando a situação estava muito ruim, conversando com eles para distraí-los desses pensamentos, ou apenas fazendo carinho em seu cabelo.

Demonstrar gratidão

Pode ser algo simples, como escrever três coisas boas que aconteceram naquele dia, ou passar alguns minutos pensando sobre os melhores momentos do dia. Você pode comprar diários de psicologia positiva que irão encorajar o seu filho a expressar gratidão e ajudarão a estabelecer intenções positivas para o dia seguinte. Porém, um simples caderno ou uma conversa de um minuto em que você demonstre como fazer e identificando os seus três melhores momentos do dia já é uma ótima forma de começar. Se o dia tiver sido realmente ruim, encontre uma lembrança feliz em comum sobre a qual vocês possam conversar.

Rir

Rir é um ótimo estimulador de humor. Mostre ao seu filho aquela foto do primo dele com um bolo de chocolate na cara; incentive-o a assistir um programa engraçado na televisão; observe o que quer que cause um esboço de sorriso e traga um pouco de alívio do rebaixamento de humor (e tente fazer com mais frequência). Não é fácil rir quando estamos para baixo, mas momentos de leveza são ótimas formas de trazer alívio, criar conexão e ajudar os adolescentes a se sentirem aceitos, fazendo com que o restante dessas ideias para melhorar o humor tenha maiores chances de serem bem-sucedidas.

Exercitar a imaginação

Naqueles breves momentos em que o seu adolescente parece aberto à conexão, em que ele lhe permite entrar, procure exercitar a imaginação dele:

Estou pensando em pintar a cozinha. Que cor você acha que ficaria boa?

Se você tivesse muito dinheiro, para onde iria nas férias?

Qual é o lugar mais bonito que você já foi?

Alivie a pressão e mantenha a conversa sobre assuntos hipotéticos, conversando sobre tudo menos os problemas reais dele. Só de conseguir passar um tempo pensando em coisas leves e diferentes pode aliviá-lo. E, quando usamos a imaginação, também criamos possibilidades, esperança e até mesmo objetivos.

Ficar confortável

Existem momentos que um pouco de aconchego é o melhor remédio: chinelos confortáveis, bebidas quentes, encolher-se debaixo das cobertas para assistir ao programa de televisão favorito. Se o seu filho não estiver saindo do quarto, veja se consegue convencê-lo a deixar o ambiente um pouco mais aconchegante. Você pode sugerir um novo tapete, uma lâmpada ou um vaso de planta (ou simplesmente um edredom limpo!). Algumas pessoas são especialmente sensíveis ao ambiente ao seu redor (luzes, texturas etc.). E, embora o nosso objetivo seja tirar nossos filhos do quarto, se o rebaixamento de humor está fazendo com que eles passem muito tempo lá, então talvez para melhorar o humor deles, seja preciso tentar tornar aquele ambiente mais agradável.

Qualquer que seja a sua estratégia, tente não se apegar muito a apenas uma delas. Se você depositar todas as suas esperanças parentais naquele vaso de plantas, sofrerá um grande baque quando elas morrerem por falta de exposição à luz do sol, ou forem derrubadas e ficarem caídas no chão com as raízes para cima. O objetivo não é encontrar uma forma para remediar o humor do seu filho (por mais que você queira fazer isso), mas tratá-lo com amor, cuidado e respeito, ao mesmo tempo que você cria um ambiente acolhedor para que ele possa encontrar formas de se desenvolver e descobrir como chegar a um lugar mais positivo.

CAPÍTULO 8

COMO FORTALECER A AUTOCONFIANÇA DO SEU ADOLESCENTE

Se queremos convencer os adolescentes a saírem do quarto e ajudá-los a se tornarem jovens adultos bem-sucedidos, então precisamos começar fortalecendo a sua autoconfiança. Receios e inseguranças não só podem ser grandes obstáculos para que se tornem independentes, como podem propiciar que se isolem na segurança do quarto. A adolescência já é naturalmente um período de intenso constrangimento; à medida que aquelas motivações de independência assumem o controle (e a sexualidade começa a desabrochar), preocupações com pertencimento e autoimagem se tornam onipresentes, fazendo com que muitos adolescentes sintam um aumento em seus níveis de ansiedade muito maior durante essa fase do que em qualquer outro momento de suas vidas. Até mesmo crianças que costumavam ser autoconfiantes e extrovertidas na infância podem se tornar mais fechadas e inseguras na adolescência. Quando o cérebro passa a enviar sinais de que o mundo é um lugar ameaçador, preferir se isolar na segurança do quarto parece ser o mais lógico a fazer.

A boa notícia é que com o passar do tempo a maioria dos adolescentes consegue superar suas preocupações e inseguranças e se tornar mais autoconfiante. O cérebro deles amadurece e o equilíbrio é restaurado entre o sistema límbico, emocional e detector de ameaças, e o córtex pré-frontal, mais racional. Eles vivenciam mais momentos de sucesso e começam a acreditar mais em si mesmos. E gradualmente, à medida que entram na fase adulta, começam a identificar seus pontos fortes e interesses e passam a construir uma vida com base neles. Essa é uma caminhada que acontece em ritmos diferentes, variando de adolescente para adolescente (e raramente ocorre em linha reta). Por isso, ter um relacionamento positivo com um adulto que acredita neles facilita muito esse processo.

Entretanto, para alguns adolescentes, a ansiedade e a falta de confiança podem se tornar grandes obstáculos nessa caminhada. Em vez de vivenciarem momentos de sucesso e encontrarem o caminho, adolescentes ansiosos costumam evitar situações que pareçam difíceis e perdem a confiança na sua capacidade de enfrentar medos e desafios. O mundo deles começa a se encolher ao invés de se expandir, e suas amígdalas sempre alertas às ameaças enxergam perigos a cada passo. Essa ansiedade pode se manifestar como sentimentos de desconforto ou de autocrítica generalizados, ou por meio de respostas extremas, como recusar-se a ir à escola, desenvolver restrições alimentares ou ter ataques de pânico. Os pais se sentem incapazes de ajudar. Nós nos lembramos das crianças confiantes e felizes que eles foram e nos perguntamos o que deu errado. Entendemos suas preocupações, mas não conseguimos aliviá-las racionalmente. Tentamos fortalecer sua autoconfiança dizendo o quanto são maravilhosos, mas não obtemos sucesso. Às vezes perdemos a paciência e os mandamos superar isso tudo (o que também não ajuda).

Para que adolescentes desenvolvam autoconfiança, eles precisam vivenciar momentos nos quais podem brilhar. Essas são ocasiões nas quais se sentem orgulhosos ou triunfantes por terem conquistado algo difícil ou feito a diferença de alguma forma. São momentos que aumentam suas habilidades e autoconfiança, que os levam ao limite do que são capazes de lidar (mas sem serem tão difíceis a ponto de desencorajá-los e fazê-los desistir). Para que possamos fortalecer a autoconfiança, precisamos nos desafiar e ser corajosos, o que pode ser muito difícil para um adolescente sobrecarregado com preocupações e apegado à sua zona de conforto.

O que é ansiedade?

Sentir-se preocupado, assustado, estressado ou ansioso é perfeitamente normal. Todos nos sentimos assim às vezes. Na verdade, a ansiedade faz parte do funcionamento normal do cérebro e é bastante útil. A ansiedade é um pouco como um sistema de alerta precoce que nos prepara para responder de forma eficiente a desafios, ameaças ou perigos. Quando percebemos uma ameaça, nosso cérebro nos dá energia e também os recursos que nos ajudarão a passar por aquela situação e nos protegerão do perigo. Se um tigre escapar e aparecer no seu quintal, uma resposta ansiosa de alarme é exatamente o que você precisa para garantir que estará alerta e a salvo. Mesmo que você esteja lidando apenas com uma competição esportiva ou uma prova, as habilidades e impulsos nervosos extras liberados pelo seu cérebro ansioso irão acelerar as suas respostas para que você possa performar melhor.

No entanto, os problemas surgem quando a nossa resposta ansiosa se torna desproporcional ao tipo de ameaça. Por exemplo, se você sente pânico ou muito medo toda vez que sai de casa, quando não há motivo para preocupação (e nenhum tigre!), essa não é uma resposta tão eficaz. A ansiedade se torna um problema quando interfere na forma como fazemos as coisas que precisamos fazer ou que queremos fazer, bem como quando prejudica a nossa vida cotidiana.

Quando estamos ansiosos, a sensação é a de que tudo dentro de nós está acontecendo ao mesmo tempo. Mas, se pararmos para analisar, veremos que a resposta ansiosa na verdade se divide em três partes:

- **Elemento cognitivo:** os pensamentos que passam pela nossa cabeça enquanto enfrentamos (ou imaginamos estar enfrentando) uma situação difícil. Essas são as palavras que vêm à sua mente. Por exemplo, um adolescente ansioso pode estar pensando: "Eu vou me dar mal", ou "As pessoas vão rir de mim", ou "Eu estou ridículo".
- **Elemento fisiológico:** as mudanças que acontecem no nosso corpo quando nos sentimos ansiosos ou preocupados. Por exemplo, o seu adolescente pode suar, ficar ofegante ou se sentir enjoado. Ele também pode ficar corado.
- **Elemento comportamental:** o que fazemos quando nos sentimos ansiosos. Um adolescente ansioso pode se trancar no banheiro, chorar, gritar ou ser agressivo, além de tentar fugir de qualquer coisa que esteja provocando essas reações (ou evitar passar pelas situações que sejam gatilhos para eles).

A ansiedade não afeta a todos igualmente: tanto a natureza quanto a criação desempenham um papel importante. Algumas pessoas nascem com o temperamento mais ansioso do que outras. Determinadas pessoas têm um sistema nervoso mais reativo e possuem, naturalmente, uma tolerância menor a novas situações. Para algumas pessoas, um evento traumático ou estressante pode ser um gatilho de ansiedade ou programar seu sistema nervoso para responder de determinadas formas. Alguns podem aprender gradualmente a ter uma resposta ansiosa por intermédio das pessoas ao redor ou de suas próprias experiências.

Adolescentes em especial possuem uma tendência maior à ansiedade, principalmente à ansiedade social, por causa da dominância exercida por suas amígdalas (a parte do cérebro que governa a resposta às ameaças) durante essa fase. Você se lembra de todas aquelas informações científicas sobre o cérebro no Capítulo 1? O cérebro adolescente fica hiperalerta às ameaças sociais (como ser excluído, humilhado ou não pertencer). Os adolescentes são extremamente conscientes da forma como são percebidos, sem contar que isso coincide com um momento em que seus corpos não só estão mudando rapidamente como também desenvolvendo desejos sexuais. Querer ser amado e considerado atraente são componentes psicológicos naturais durante o desenvolvimento do adolescente, mas os deixa mais propensos a se preocupaem com o que os outros pensam deles ou que se sintam mais inseguros. A autoaceitação e a autoconfiança são simplesmente mais difíceis de serem alcançadas quando se é adolescente.

No entanto, essa predisposição psicológica e neurológica à insegurança não significa que toda ansiedade adolescente é problemática. No caso da maioria dos adolescentes é provavelmente melhor pensar na ansiedade como um termo abrangente que abarca uma grande variedade de estágios de agitação, como se sentir nervoso, preocupado, apreensivo ou até mesmo empolgado. Os adolescentes tendem a vivenciar esse estágios de maneira amplificada (devido a suas regiões límbicas aprimoradas), o que pode ser desconfortável e, às vezes, doloroso. Mas aprender a lidar com pensamentos e sentimentos desconfortáveis, bem como aprender a direcionar seu comportamento de forma apropriada, para que possam responder de maneira positiva, faz parte da jornada do adolescente para se tornar um jovem adulto independente. É um aprendizado emocional pelo qual eles precisam passar sozinhos, e nós não podemos fazer nada para acelerá-lo (não importa o quanto gostaríamos de fazê-lo).

Alguns adolescentes podem desenvolver transtornos de ansiedade graves (que precisam ser diagnosticados e tratados clinicamente), nos quais a resposta ansiosa que sentem é tão forte que os impede de fazer atividades cotidianas como sair de casa, ir à escola ou ficar sozinhos em casa. Adolescentes neurodivergentes são mais propensos a terem níveis mais altos de ansiedade. Quando os adolescentes com TDAH não são diagnosticados ou ainda não estão com essa condição bem controlada, a adolescência pode ser um período especialmente turbulento. É também um período no qual um diagnóstico tardio de autismo (principalmente em meninas) se torna bastante comum, com problemas de ansiedade severa funcionando como gatilhos para o início do processo de diagnóstico do Transtorno do Espectro Autista (TEA).

Como ajudar os adolescentes a encontrarem sua coragem

Não importa se o seu adolescente está enfrentando uma baixa temporária de autoestima ou uma batalha prolongada contra ansiedade, nós, pais, costumamos não saber como lidar com um adolescente preocupado ou apavorado, principalmente se ele estiver se isolando no quarto e se recusar a encarar o mundo. Geralmente, seguimos uma sequência de estratégias: tentamos garantir a eles que tudo ficará bem e dizemos para não se preocuparem; oferecemos sugestões do que deveriam fazer e de como lidar com a situação; tentamos ser gentis e empáticos. Quando isso não funciona, podemos nos tornar mais rígidos e tentar forçá-los a enfrentar seus medos. Em seguida, quando eles ficam realmente chateados, talvez cedamos e concordemos que eles permaneçam em seus quartos. E, toda vez que algo semelhante acontece, tentamos as mesmas estratégias de novo, passando por todas as diferentes respostas e ficando cada vez mais frustrados e chateados.

Por que ele simplesmente não tenta? Não há motivo para ter medo! Se você nunca se sentiu pouco confiante ou com níveis elevados de ansiedade, pode ser realmente difícil entender por que o seu adolescente não quer fazer parte daquela equipe, falar com aquela vendedora ou simplesmente fazer aquilo que os outros adolescentes estão fazendo. O nosso instinto é sempre tentar racionalizar as suas preocupações.

> *Seus amigos vão estar lá, você irá se divertir. Não há motivo para se preocupar.*

A diferença entre a nossa avaliação racional da situação e o medo que os nossos adolescentes sentem é desproporcional e sem sentido. Talvez você até pense que é teimosia dele. Talvez fique irritado por seu filho estar desperdiçando uma oportunidade. Ou se sinta envergonhado porque ele não está cumprindo as expectativas sociais. Infelizmente, dizer para um adolescente preocupado para não se preocupar raramente funciona.

Por outro lado, se você já tiver tido experiências com ansiedade (ou se lembrar da sensação com a mesma intensidade de um adolescente), uma reação comum é tentar proteger o seu filho e ajudá-lo a se sentir seguro. Nós entendemos como ele se sente, e isso funciona como gatilho para que experimentemos esse sentimento também, bem na boca do estômago. Nós nos imaginamos no lugar deles, nos sentimos humilhados e como se estivéssemos sob os holofotes. Passamos noites em claro, preocupados com meios de protegê-los.

> *Está tudo bem, meu anjo. Você não precisa ir, sei o quanto isso é difícil para você. Eu vou ligar para a escola e dizer que você não está se sentindo bem hoje.*

Nós amamos nossos filhos e faríamos de tudo para acabar com o sofrimento deles. Porém, ao protegê-los, acabamos fazendo com que continuem reféns de seus medos.

A maneira mais efetiva de ajudar o seu adolescente e fortalecer a autoconfiança dele é ajudá-lo a encontrar a coragem dentro de si mesmo para encarar seus desafios e aumentar sua crença em si mesmo e na sua capacidade de ser bem-sucedido. O seu adolescente único e maravilhoso pode não ter confiança para sair do quarto por inúmeros motivos: ele pode ter receios específicos (por exemplo, acne), ou preocupações motivadas por experiências ruins no passado, ou níveis mais generalizados de ansiedade clínica (que exigirá acompanhamento profissional). No entanto, o seu papel continua o mesmo: ajudá-lo a encontrar e a usar a própria coragem para buscar o sucesso e descobrir alguns momentos para brilhar.

Não existe uma mágica capaz de ajudar um adolescente a se sentir mais corajoso; isso é algo que se aprende à base de tentativa e erro. Mas, independentemente de qual seja o caminho seguido pelo seu filho, estes quatro princípios guiarão você durante o processo:

- Acredite nele;
- Procure evitar o comportamento de esquiva;
- Crie estratégias de enfrentamento (*coping skills*);
- Incentive pequenas demonstrações de coragem.

Acredite nele

Quando o assunto são adolescentes ansiosos, o nosso objetivo principal é nos manter firmes na crença de que nossos filhos são capazes de lidar com os desafios diante deles, bem como deixar isso claro para que possam acreditar em si mesmos também. A fé é contagiante. Quando temos fé na coragem e na resiliência de nossos adolescentes, passamos um pouquinho dessa fé para eles também. Isso não quer dizer que devemos minimizar ou desmerecer os medos e preocupações deles, pois não podemos nos esquecer de que, para eles, esses medos e preocupação são bastante reais. Para fazer isso você precisará usar todas aquelas habilidades de escuta empática que abordamos no Capítulo 5.

> *Eu estou vendo que você está muito preocupado e que parece impossível fazer isso agora. Mas eu acredito que você vai conseguir.*

Enquanto reconhecemos que a situação parece ser desafiadora para eles, devemos sempre deixar claro que acreditamos que eles são capazes de encontrar uma solução.

Em resumo, precisamos ter perspectivas positivas. Isso pode ser especialmente difícil se a experiência recente o levou a ter expectativas de oscilações e fracassos em vez de sucesso. Por exemplo, se o seu adolescente teve experiências ruins em festas do pijama anteriormente, que terminaram em lágrimas e em telefonemas tarde da noite para que você fosse buscá-lo; então, você naturalmente se sentirá um pouco receoso quando surgir o convite para outra festa do pijama. Podemos perguntar a eles como estão se sentindo em relação a isso com uma voz preocupada (ou talvez perguntar uma vez ou outra). Podemos assegurar-lhes repetidamente que tudo ficará bem (ao mesmo tempo que enviamos a mensagem de que não estamos confiantes de que conseguirão fazer isso).

A mãe do Sam é muito legal. Ela vai cuidar de você; pode falar com ela se ficar preocupado com alguma coisa. E a casa deles não é tão longe, então eu posso buscar você se precisar, é só me ligar.

Pode ser que o seu filho não consiga mesmo lidar com essa festa. Mas as expectativas negativas repetidas tornarão isso mais provável, e não menos.

Quando subestimamos a capacidade dos nossos adolescentes de superar um desafio, eles podem aprender a se subestimar também. Queremos que os nossos filhos acreditem que, não importa o quanto assustador ou difícil um desafio seja, eles conseguirão vencê-lo. Pode ser difícil. Talvez não consigam de primeira, mas são capazes de lidar com esse desafio e vão conseguir. Além disso, toda vez que tentam, eles dão um passo importante na jornada pela independência.

Procure evitar o comportamento de esquiva

Evitar uma situação que gera ansiedade é uma resposta natural e lógica. No curto prazo a esquiva funciona perfeitamente. A ansiedade não é um estado agradável. Se o seu filho adolescente está muito ansioso por ter de ir à escola hoje e você concordar que ele pode ficar em casa, ele sentirá um alívio tremendo. O nível de ansiedade dele cairá. Mas o que o cérebro deles aprende com essa esquiva para o futuro? Que a melhor forma de se sentir calmo é ficando em casa e evitando ir à escola. (Ele também pode aprender que quanto mais estressado ficar, e pior for o seu comportamento, mais propenso você estará a permitir que ele fique em casa!) Sair do quarto e ir para a escola no dia seguinte causará ainda mais sofrimento, e a única coisa que ele aprendeu para lidar com isso foi deixar de ir à escola.

No longo prazo, evitar situações que provocam ansiedade aumenta a ansiedade e reduz a confiança. Isso encolhe o mundo dos adolescentes, restringe suas experiências e torna ainda mais difícil para eles acreditarem em sua capacidade de enfrentar uma situação difícil. Por isso, é essencial que os pais não permitam que seus filhos enxerguem a esquiva como uma solução. Com isso não quero dizer que devemos forçar um adolescente que está sofrendo com ataques de pânico a sair de casa, mas sim que devemos estar sempre atentos às oportunidades de colocá-los em contato com seus medos (ainda que seja aos poucos e com a nossa supervisão), ao invés de tentar mantê-los longe deles.

> *Eu estou vendo que você está em pânico. Por que não senta um pouquinho respira, e tenta se acalmar? Quando estiver mais calmo, pensaremos no que fazer para ajudá-lo a se sentir mais capaz de lidar com os desafios da escola.*

O nosso objetivo é ajudar nossos filhos a aumentar sua capacidade de tolerar momentos que geram ansiedade e a encarar situações difíceis, em vez de tentar eliminar completamente a fonte de sua ansiedade.

Evitar o comportamento de esquiva nem sempre é fácil. Você pode se tornar alvo de palavras raivosas e cruéis ao se recusar a ceder e fazer o que o seu filho quer. Um adolescente ansioso está disposto a tudo para evitar a causa do seu sofrimento, e isso inclui agir com agressividade, mentir e enganar. Por exemplo, ele pode dizer que suas aulas foram canceladas, ou que o ônibus atrasou, ou que teve que ficar em casa para refazer a tarefa porque o computador da escola não salvou, quando, na verdade, são todas desculpas para que ele evite ir à aula, porque estar em meio àquele grupo aciona o seu botão de pânico. Você pode deixá-lo na porta da escola e vê-lo entrar, para, em seguida, ele dar meia volta e sair, assim que você for embora. Não podemos forçar um adolescente a enfrentar um desafio; mas, por princípio, sempre que puder, evite facilitar os comportamentos de esquiva dele.

RELATO PESSOAL

UM DOS MEUS MELHORES MOMENTOS COMO MÃE!

Adolescente: Mãe, será que você poderia, por favor, ligar para o meu trabalho e dizer que eu estou doente? Eu não posso ir trabalhar hoje.

Eu: Por quê?

Adolescente: Porque eu odeio esse trabalho. Não quero ir hoje.

Eu: Eu entendo. Eu também às vezes não quero ir para o trabalho. Existe um motivo em especial para você não querer ir hoje?

Adolescente: Eu só não quero ir. Liga para eles e diga que estou doente.

Eu: Não vou ligar para a sua chefe e mentir para ela só porque você não quer ir.

Adolescente: O Alex está de folga hoje, o que significa que vou ter que ficar no balcão de pedidos hoje. Eu odeio ficar parado lá, com todo mundo me olhando. Eu sempre cometo erros e posso sentir todo o pessoal da universidade me observando. Eu não posso ir hoje. Não estou me sentindo bem e não estou brincando.

> **Eu:** Sim, vejo que você não está bem e sei que se sente desconfortável quando precisa lidar com os clientes e que prefere evitar essas situações. Eu sinto muito que se sinta assim. Mas eu não vou ligar para lá e dizer que você está doente. Você terá que encontrar uma outra forma de resolver essa situação.
> **Adolescente:** Não existe outra solução; eu simplesmente não vou. Se eu perder o meu emprego, a culpa vai ser sua!
> **Eu:** Bom, perder o seu emprego também é uma solução. Não sei se é a melhor, por isso talvez você queira pensar em seguir uma abordagem diferente. Tenho certeza de que não importa o quanto isso seja difícil, você vai dar um jeito.[20]

Crie estratégias de enfrentamento (*coping skills*)

Se você vai desincentivar a esquiva e insistir (embora gentilmente) para que o seu adolescente enfrente os próprios medos, ele precisará de algumas estratégias para conseguir se acalmar e lidar com a enxurrada de pensamentos e sentimentos que costumam acompanhar momentos desafiadores. Ele não será capaz de encontrar a própria coragem se estiver completamente tomado por seus pensamentos e emoções.

Para desacelerar uma resposta ansiosa e encontrar a calma, podemos usar qualquer um dos três componentes da ansiedade: a mente, o corpo ou comportamento. Por exemplo, talvez existam palavras que o seu adolescente pode repetir para si mesmo que tenham um efeito calmante e façam com que ele se sinta mais confiante. Ou ele pode encontrar formas de acalmar

---

20 Se você está curioso para saber o desfecho dessa história, depois de muitas portas batidas, precisei dar uma carona de última hora até o trabalho dele, e ao longo do percurso imperou um silêncio hostil. Mas essa história não terminou em lágrimas.

seu corpo, por meio da respiração ou de exercícios físicos. Ou, ainda, pode se valer de seus hábitos e rotinas para fazer com que momentos difíceis se tornem mais administráveis (como ir a pé para a escola com um amigo).

Infelizmente, adolescentes costumam não ser muito receptivos quando os pais querem saber mais sobre seus pensamentos ou dizer o que eles poderiam fazer (os nossos conselhos tendem a ser interpretados como críticas). Eles estão mais propensos a ter uma atitude mais positiva se essa conversa acontecer com um terapeuta ou um orientador educacional. Quando o assunto são as estratégias de enfrentamento, é melhor que os pais assumam o papel do ajudador compreensivo do que o do orientador especialista. Perguntas que exploram áreas de conhecimento e *expertise* dos nossos adolescentes podem ser bastante úteis nessas situações. Por exemplo, se você quer encorajar o seu adolescente a substituir as palavras negativas que ecoam em sua cabeça por palavras positivas, poderia perguntar:

O que você diria para um amigo que estivesse tendo esses mesmos pensamentos? Será que não poderia repetir isso para si mesmo?

Se gostaria de encorajá-lo a tentar uma estratégia de relaxamento, poderia perguntar:

Será que não existe algo que você já fez no passado que o ajudou a se livrar desse sentimento de angústia?

Se você quer incentivá-lo a pensar em um plano de ação:

Qual é o seu plano para lidar com isso, caso se sinta um pouco ansioso durante a festa do pijama?

Em vez de dar conselhos, você poderia pedir a ele para pensar em soluções:

O que faria você se sentir um pouco melhor sobre ir a essa festa?

Perguntas como essas soam menos ameaçadoras para a independência do adolescente e por isso têm menos chances de causar uma resposta defensiva. Elas também devolvem o problema para o seu adolescente de forma a sinalizar para ele que, embora você esteja lá para ajudá-lo, você acredita que ele é capaz de resolver esse problema sozinho.

Ainda assim, existe, é claro, a possibilidade não só de que o seu adolescente rejeite esse apoio como tente forçar você a resgatá-lo. Esteja preparado para permitir que ele lide com o próprio desconforto; e, caso a ansiedade dele se manifeste na forma de agressividade, se afaste gentilmente.

Estou vendo que você está muito chateado para conversar sobre isso agora. Vou sair para deixá-lo se acalmar e volto daqui a pouco.

Se o seu filho resolveu tentar uma estratégia de enfrentamento, incentive-o, mesmo que ela não funcione.

Parabéns por ter tentado. Foi uma atitude bastante positiva.

E, caso ele adote estratégias de enfrentamento nocivas, como beber ou fumar maconha, tente ser compreensivo com relação ao motivo pelo qual ele está fazendo isso quando for estabelecer um limite.

Eu entendo totalmente por que a maconha é tão tentadora. Ela afasta os pensamentos frenéticos e faz com que você se sinta mais calmo. Porém, ela também apresenta alguns riscos realmente negativos, e eu não posso ficar de braços cruzados permitindo que você se prejudique dessa forma. Será que não existe outra coisa que você poderia fazer que teria o mesmo efeito calmante, mas que fosse mais saudável?

Lembre-se de que as estratégias de enfrentamento que funcionam para você podem não funcionar para o seu adolescente. Incentive-o a explorar diferentes alternativas para acalmar os próprios pensamentos e sentimentos confusos de forma que a resposta do cérebro dele o ajude a ser corajoso em vez de mandá-lo fugir para se proteger.

PLANO DE AÇÃO

Incentive o seu adolescente a pesquisar estratégias de enfrentamento para lidar com medos e preocupações durante momentos ansiosos. Indique para ele fontes confiáveis de informação (veja a sessão de *Recursos para os pais* ao final deste livro para algumas sugestões).

Pode ser útil que ele pesquise sobre:

- Técnicas de relaxamento — por exemplo, estratégias de respiração;
- Atenção plena (*mindfulness*) — por exemplo, aplicativos de meditação guiada;
- Estratégias para lidar com a preocupação — por exemplo, manter um caderno para anotar preocupações;
- Diálogo interno positivo — por exemplo, repetir afirmações positivas.

> Lembre-se, as estratégias de enfrentamento que você acha úteis podem não funcionar para o seu adolescente, e pode ser que ele precise tentar diferentes abordagens antes de encontrar algo que realmente o ajude.

Incentive pequenas demonstrações de coragem

Quanto mais o seu adolescente conseguir sair do quarto para enfrentar uma situação que provoca ansiedade e encontrar uma solução para ela (sem se esquivar), mais calmo ele começará a se sentir, mais fácil será para ter confiança em si mesmo e maior será a capacidade dele de enfrentar essa situação de novo no futuro. O nosso cérebro aprende pela experiência, e o cérebro adolescente está pronto para aprender. Queremos que os nossos adolescentes vivenciem situações de sucesso nas quais são capazes de lidar com seus próprios medos e preocupações. Ter algumas estratégias de enfrentamento para ajudá-los a lidar com momentos de falta de confiança ou preocupação definitivamente os ajudará, mas, se os medos deles forem muito grandes, pedir que enfrentem uma situação difícil de uma vez por todas pode ser demais. Nesse caso, procurar dividir a solução em pequenos passos pode ser mais útil.

Por exemplo, se o seu adolescente está nervoso com uma apresentação oral na escola, pergunte a ele quais partes do processo o preocupam mais e quais o preocupam menos. Procure pequenas possibilidades de vitória, fazendo com que ele tente lidar com as pequenas preocupações primeiro. Se falar em público é a parte mais difícil, ele pode treinar ganhar mais confiança praticando a apresentação diante do espelho primeiro, depois para a família e em seguida para um amigo em quem confia. Ou começar gravando a apresentação e depois mostrá-la para alguém. Se o seu filho se sente inseguro para participar de um clube ou equipe, talvez possa começar sendo um espectador ou simplesmente tentar conversar com o treinador ou professor responsável primeiro.

Em teoria, esses pequenos passos exigem que os adolescentes sejam corajosos de uma forma mais administrável do que ficar na frente da turma ou começar logo de cara. A cada pequeno passo, o seu adolescente pode usar as estratégias de enfrentamento para ajudá-lo durante o processo; por exemplo, ele pode respirar fundo ou usar estratégias para lidar com seus pensamentos (*"Eu já fiz coisas difíceis antes"* é uma ótima afirmação; mas é importante que ele mesmo escolha as palavras que funcionam para ele). Pode ser que ele queira escrever algumas palavras de encorajamento em um papel e mantê-lo no bolso para poder ler, se necessário.

Se pudermos apoiar os nossos adolescentes para que enfrentem situações de ansiedade aos poucos, eles podem praticar superar seus medos e a falta de confiança, e vislumbrar pequenos momentos de sucesso. E, o mais importante, o cérebro deles aprenderá que, embora se sintam inseguros ou preocupados, eles são capazes de superar tudo isso; que eles podem fazer as coisas mesmo sentindo medo; o que é a base do sentimento de autoconfiança.

Não podemos forçar um adolescente a fazer nada disso. Nós só podemos encorajá-los e comemorar cada passo bem-sucedido com eles. Para alguns adolescentes, o caminho para encontrar o sucesso e a autoconfiança é longo. E, se a ansiedade deles é severa, pode ser um progresso lento, com vários retrocessos à medida que avançam. Mas o caminho para a independência não é uma corrida. Não é mesmo, pode acreditar.

CAPÍTULO 9
QUANDO VOCÊ DEVE SE PREOCUPAR

Quando um adolescente se isola no quarto, costuma ser algo temporário e transitório que não deve causar preocupação. No entanto, às vezes o isolamento de um adolescente pode ser sinal de que algo está acontecendo e que exige ajuda profissional. Nem sempre é fácil diferenciar entre alterações normais no humor de um adolescente e os tipos de mudança que indicam que ele está realmente enfrentando dificuldades. Além disso, se o seu adolescente se afastou de você, pode ser ainda mais difícil saber o que está acontecendo dentro dele. Quanto mais estratégias deste livro você conseguir implementar — para fortalecer o relacionamento de vocês, se colocar no lugar dele e tentar manter os canais de comunicação abertos —, mais chances terá de identificar qualquer sinal preocupante (e mais propenso o seu adolescente estará a se abrir sobre o assunto).

Existe uma linha tênue entre um adolescente que está sentindo muita coisa, mas está sabendo lidar e o que está com dificuldades para processar seus sentimentos e não está conseguindo lidar. Adolescentes sentem tudo intensamente e seus estados emocionais são sempre muito carregados. Seus humores costumam ser erráticos, seus níveis de energia e padrões de sono estão constantemente desregulados, e eles têm propensão para fazer más escolhas. Tudo isso faz parte do desenvolvimento adolescente. Porém, esses mesmos sinais de que ele está apenas "sendo adolescente" também podem ser sintomas de questões de saúde mental, ou sinais de bullying ou de abuso de substâncias químicas ou de transtornos alimentares; por isso, é vital que você mantenha sempre a mente aberta. A nossa capacidade de detectar quando um adolescente precisa de ajuda depende da nossa disposição para demonstrar curiosidade e analisar a fundo os seus comportamentos.

Talvez você esteja certo de interpretar os destemperos e o mau comportamento do seu adolescente como demonstrações de desrespeito e arrogância, mas tenha cuidado para não se fechar para as outras possibilidades. Será que ele poderia estar externalizando um mau comportamento porque se sente mal internamente? Será que está sendo agressivo porque está envergonhado ou ansioso? Será que a atitude negativa pode ser um sinal de rebaixamento de humor ou de baixa autoestima, em vez de um antagonismo deliberado? A maioria dos adolescentes se recupera rápido dos anos turbulentos da adolescência e se transforma em jovens adultos amorosos, equilibrados, educados e respeitosos. No entanto, eles são vulneráveis e é essencial que nós, enquanto pais, continuemos a ter curiosidade sobre o que está por trás do comportamento deles, em vez de simplesmente reagir a ele.

Sinais de alerta que exigem a sua atenção

Você é quem melhor conhece o seu filho, logo, confie nos seus instintos. Se o comportamento e o estado emocional dele não fazem sentido para você, esse é o momento de parar, analisar e ir mais fundo. Esteja alerta a mudanças em padrões comportamentais e principalmente aos seguintes sinais de alerta:

- Sintomas físicos, como dores de estômago frequentes, dores de cabeça, alterações de apetite, perda de peso, problemas para dormir, perda de energia e fadiga;
- Perda de interesse pelas coisas das quais ele costumava gostar, tristeza, falta de animação, letargia, rebaixamento contínuo de humor;
- Falta de concentração, queda repentina no desempenho acadêmico;
- Comportamento volátil, incluindo irritabilidade, agressividade, hipersensibilidade a críticas, perfeccionismo extremo, surtos emocionais;
- Demonstrar tensão, impaciência, agitação, medo, pânico, falta de ar ou sudorese;
- Isolamento social, queda no número de amigos, deixar de participar de eventos sociais;
- Comportamentos arriscados e imprudentes repetitivos;
- Não vê-lo comer, transtornos alimentares, dietas extremas ou prática obsessiva de exercícios físicos;
- Expressar sentimentos de tristeza, inutilidade ou desesperança;
- Usar mecanismos de enfrentamento autodestrutivos ou nocivos (como automutilação, ou uso de álcool/drogas).

Você deve se preocupar, principalmente, quando conseguir identificar um conjunto desses sinais de alerta. Transtornos mentais são mais propensos a surgir na adolescência do que em qualquer outro estágio da vida. Eles podem ser causados por eventos estressantes, experiências traumáticas ou fatores familiares adversos. Mas também podem surgir do nada; por isso, mantenha-se curioso sobre o que pode estar afetando o humor e o comportamento do seu adolescente, mesmo que não consiga identificar uma motivação lógica nem um gatilho óbvio.

Quando procurar ajuda

No geral, o momento de procurar ajuda profissional é quando o seu adolescente enfrenta dificuldades para acessar as mesmas oportunidades ou para participar das mesmas atividades que o seu grupo de pares. Por exemplo, quando ele se recusa a participar das excursões da escola (ou mesmo ir à escola) porque se sente muito ansioso. Ou quando ele estiver com muita dificuldade para lidar com tarefas cotidiana básicas comuns a todos os adolescentes.

É importante considerar a *persistência* do problema (há quanto tempo ele vem acontecendo), a sua *gravidade* e os mecanismos de enfrentamento que o seu adolescente tem usado.

- **Persistência:** todos os adolescentes passam por altos e baixos. No entanto, se o seu adolescente permanecer em um momento de baixa por mais de duas semanas, isso pode ser um indicador de um transtorno de humor.
- **Gravidade:** muitos adolescentes se isolam em seus quartos, mas a maioria mantém algum contato com os amigos fora da escola (ainda que apenas por meio de seus dispositivos eletrônicos). Quando esse isolamento vira um isolamento social e eles passam a não ter nenhuma interação, isso se torna preocupante.
- **Mecanismos de enfrentamento:** se o seu adolescente estiver usando mecanismos de enfrentamento nocivos como a automutilação (por exemplo, se cortando ou se machucando) ou fazendo uso de drogas e álcool, isso também é um motivo de preocupação.

Se os sintomas do seu filho são recentes e têm uma motivação lógica (por exemplo, ele está ansioso com uma prova, uma entrevista de emprego ou o primeiro encontro), e se isso não estiver afetando a vida normal dele, então você pode usar as ferramentas sugeridas neste livro para ajudá-lo a desenvolver estratégias de enfrentamento benéficas. Mas se ele estiver usando estratégias de enfrentamento nocivas ou se o problema persistir ou impactar na capacidade dele de gerenciar tarefas do dia a dia, você dever buscar ajuda profissional

Incentivando o seu adolescente a procurar ajuda profissional

Infelizmente, mesmo que você considere que o seu adolescente precisa de ajuda, pode ser que ele não queira procurá-la. Os motivos podem ser variados. Adolescentes costumam se preocupar com a possibilidade de serem forçados a revelar pensamentos e sentimentos difíceis e dos quais se envergonham, caso concordem em conversar com um terapeuta. O seu adolescente pode estar preocupado que o fato de precisar de ajuda profissional signifique que há algo de errado com ele. Ou, ainda, o rebaixamento do seu humor pode estar afetando-o de tal forma, que ele não acredita que algo possa ajudar.

Não existem atalhos para convencer um adolescente relutante a buscar ajuda profissional. Como sempre, você precisará começar com uma conversa que demonstre apoio. Você precisará ser aquele ouvinte confiável, capaz de reconhecer o que ele está sentindo, enquanto aponta gentilmente uma direção mais útil.[21] Lembre-se de que oferecer ajuda pode ser interpretado pelo cérebro adolescente como uma crítica; por isso, procure criar um espaço seguro no qual seu filho possa conversar

---

21 Talvez seja importante voltar para reler o Capítulo 5, principalmente a seção sobre escuta empática, se você estiver tendo dificuldade para se comunicar com o seu adolescente sobre esse assunto.

com você sem se sentir julgado. Pode ser útil perguntar em voz alta e ser e ser cauteloso em suas sugestões para evitar uma resposta defensiva.

Eu não sei, não sou você, mas talvez seja bom procurar ajuda para descobrir uma forma de controlar os seus pensamentos e assim ter um pouco de tranquilidade, você não acha?

Se você conseguir citar exemplos de outros jovens, ou até mesmo de celebridades que seu filho admira, que se recuperaram de questões de saúde mental com ajuda profissional, talvez isso possa ajudar. Adolescentes mais novos valorizam muito a opinião de outros adolescentes, então tente pensar se existe um adolescente mais velho que possa conversar com o seu filho.

Haverá momentos nos quais você terá que tomar decisões e insistir. No entanto, uma intervenção terapêutica possui muito mais chances de ser bem-sucedida se o adolescente mantiver uma atitude positiva com relação a ela. Sendo assim, se o seu adolescente se mostrar completamente contrário à possibilidade de conversar com um terapeuta mas estiver disposto a tentar exercícios de atenção plena ou um aplicativo de meditação, talvez você deva começar por isso. Em seguida, juntos, tentem descobrir qual será o próximo passo, quem sabe usando um mecanismo de recompensa como forma de incentivo. Lembre-se de sempre passar esperança para o seu filho. Relembre-o de que em algum lugar mais à frente tem um futuro esperando, no qual ele terá aprendido a lidar com esses pensamentos e sentimentos difíceis. Talvez ele não consiga imaginar essa versão futura de si mesmo agora, mas buscar ajuda profissional poderá ajudá-lo a descobrir qual caminho seguir para encontrar uma versão mais feliz de si mesmo.

Onde encontrar ajuda

O primeiro lugar que você deve procurar se está precisando de ajuda para o seu adolescente é a escola ou o pediatra dele. A escola do seu filho definitivamente precisará estar envolvida se o bullying for parte do problema. Ela também pode oferecer ajuda com outras questões por meio de um orientador educacional ou de um professor no âmbito religioso, que possa oferecer ajuda terapêutica ou direcioná-lo para profissionais e serviços na sua cidade. O pediatra poderá ajudar a fazer uma avaliação inicial da saúde mental do seu filho e encaminhá-lo para um especialista, se necessário.

Algumas escolas e pediatras são ótimos para lidar com adolescentes e questões de saúde mental, outros nem tanto. Procure anotar todas as suas preocupações antes de ter uma primeira conversa com um profissional. Talvez você esteja se sentindo bastante emotivo, e fazer isso o ajudará a organizar seus pensamentos antes da consulta. Não há nada de errado em se emocionar enquanto conversa sobre algo que é tão importante, embora isso possa interferir na sua capacidade de explicar com clareza os motivos da sua preocupação (e pode chatear o seu adolescente, se ele também estiver presente). Portanto, escolha um momento tranquilo para anotar tudo com antecedência. Em seguida, quando estiver mais calmo, resuma tudo em exemplos claros ou na forma de uma lista com os motivos pelos quais você está preocupado e leve isso com você para a consulta. Dependendo da idade do seu adolescente (e da natureza das suas preocupações), é possível que ele seja avaliado sozinho pelo médico, mas assegure-se de ter uma oportunidade para apresentar as suas preocupações, para que essa perspectiva externa também possa ser levada em consideração. Se você (ou o seu adolescente) não forem levados a sério, ou se não receberem a ajuda necessária, não desista, procure uma nova opinião.

Outros pais também podem ser uma boa fonte de informação sobre quais serviços estão disponíveis na sua cidade, porém tenha em mente que cada experiência é sempre única. Você também encontrará informações na internet que podem ajudar na seção de *Recursos para os pais* no final deste livro. Se o seu filho corre o risco de se machucar, leve-o direto para a emergência do hospital mais próximo de você.

Cuidando de você

Ajudar um adolescente que está tendo dificuldade, principalmente, se ele tiver um transtorno de saúde mental é estressante e pode ser traumático. Muitos pais acabam sentindo que a própria saúde mental também é impactada negativamente. O choque de descobrir que o seu filho não está bem é imenso (principalmente se ele estiver tendo pensamentos negativos sobre se machucar), e se você tiver interpretado mal os sintomas como simples sinais de desobediência ou falta de educação, provavelmente haverá muito sentimento de culpa para ser processado também. O caminho para lidar com questões de saúde mental de adolescentes raramente é uma linha reta. Os altos e baixos são frequentes, e o progresso pode ser lento e difícil de mensurar. Avanços positivos tendem a ser seguidos por retrocessos dolorosos. A vida dos pais costuma ficar suspensa à medida que planos são desfeitos em função de crises imprevisíveis ou pela incerteza do que esperar daquele dia. Transtornos mentais em adolescentes afetam a família inteira e podem roubar escolhas, o controle, a estabilidade, o prazer, bem como valiosas experiências familiares. Para ajudar um adolescente em dificuldade, você precisará se ajudar também. Precisará direcionar conscientemente a sua energia para cuidar de si mesmo assim como cuida do seu filho. Cuidar da sua própria saúde e bem-estar fará uma enorme diferença, mesmo que em pequenas doses. Foque em pequenas atitudes diárias de autocuidado — como se exercitar regularmente, manter uma alimentação saudável e conversar com seus amigos — e seja exemplo desse autocuidado para o seu adolescente também. Talvez você se sinta distante dos seus amigos e da sua família, que parecem não entender o que está acontecendo, mas tente não despejar as suas preocupações no seu adolescente. Pode ser útil procurar um terapeuta cognitivo-comportamental para ajudá-lo a lidar com esses pensamentos e sentimentos, principalmente se a sua mente estiver frenética, tomada por pensamentos catastróficos.

Lembre-se, você não precisa conduzir bem cada conversa, não precisa ter todas as respostas, mas precisa continuar se mostrando presente para o seu filho, e isso exige muita força e paciência. Sendo assim, procure formas de continuar renovando a sua energia para que possa continuar ajudando seu filho.

DESABAFO DE UMA ADOLESCENTE

Não era o rótulo de um transtorno mental que me incomodava, mas sim o fato de eu não conseguir sair da cama. Eu não conseguia tomar banho, eu não conseguia falar, e simplesmente não me importava com mais nada. Eu estava extremamente exausta.

O transtorno mental não só arruinou a minha vida mas também afetou a todos da minha família. Enquanto escrevo isso agora, não consigo nem imaginar a caverna depressiva que criei para a minha família, e sou grata pela minha recuperação.

Quando olho para os meus amigos, quase todos têm algum tipo de questão de saúde mental — quer seja baixa autoestima, ansiedade, problemas de autoimagem ou transtornos alimentares. Por que todo mundo da minha geração está sofrendo? Eu não sei a resposta, mas todos os motivos que encontro giram em torno da pressão, da comparação e das críticas.

Eu acho que os pais ficam confusos sobre a melhor forma de lidar com a saúde mental dos seus adolescentes. Eu não sou nenhuma especialista, mas a maior reclamação que ouço dos meus amigos é que, quando vão expressar pensamentos negativos para os seus pais, precisam ouvir coisas como "Você está sendo emotivo e sensível demais" ou "Não seja tão dramático, vai correr tudo bem quando você voltar pra escola amanhã".

Por favor, não digam essas coisas. É preciso coragem para expressar sentimentos e demonstrar fraqueza. Desmerecer os sentimentos dos seus adolescentes nunca irá ajudar.

Trabalhe com o seu adolescente, não lute contra ele. Ser proativo é muito melhor do que ter uma discussão combativa e tensa ou simplesmente ignorar o assunto. Ninguém quer ter esses pensamentos assustadores; mas, infelizmente, para a nossa geração, eles aparecem com força total na adolescência.

Por isso, não julgue. Ajude seus adolescentes a encontrar mecanismos de enfrentamento positivos. Seja o conselheiro e o bote salva-vidas do seu filho.

CONCLUSÃO

Não vou mentir e dizer que implementar as sugestões propostas neste livro será fácil. Ou que as ferramentas apresentadas irão instantaneamente resolver tudo. Educar adolescentes requer paciência e um esforço hercúleo para dominar suas emoções, pensamentos e comportamentos de maneira produtiva. É como andar em uma corda bamba entre lhes dar espaço e se manter próximo. Pode ser cheio de alegrias em um momento e doloroso logo em seguida. E é preciso tempo (e erros) para que você aprenda a se manter calmo e equilibrado apesar dos humores e das emoções intensas do seu adolescente (apesar dos seus próprios medos e sentimentos).

Educar não é algo que nascemos sabendo fazer. Educar é tentar, e sempre nos questionar. Raramente temos certeza se fizemos a coisa certa. Mas, se você puder se lembrar (na maior parte do tempo) de ser um exemplo do tipo de comportamento que gostaria que o seu adolescente copiasse, em vez de entrar na onda dele e em conflito, você se sairá bem. Se puder se desafiar a transferir o poder e a tratar o seu adolescente com respeito pelo qual ele anseia (apesar das respostas infantis e decisões imaturas), você o ajudará a seguir em frente. E, se puder se lembrar de ter interesse no que está por trás do comportamento dele e se apegar à crença de que, não importa o que você descobrir, a solução sempre envolverá se relacionar e não antagonizar, você estará preparado.

Quando os adolescentes se isolam em seus quartos, é muito fácil ficar preso em um ciclo de escalada de conflito e isolamento. Em vez de jogar mais lenha nessa fogueira, o nosso objetivo é procurar oportunidades para criar boa vontade e facilitar ao máximo que eles nos procurem. Precisamos alimentar cada micromomento de conexão e cada migalha de relacionamento. E é muito mais provável que encontremos esses momentos de conexão se pudermos nos afastar das críticas, contornar a defensividade dos adolescentes e reduzir a ameaça que nosso amor e nossa proximidade representam para sua busca de independência. Adolescentes não precisam que nós contribuamos para o seu diálogo interno negativo. Eles precisam que nós lhes mostremos que apesar de todas as suas inseguranças, seus erros, e suas crises emocionais, nós continuamos a vê-los com bons olhos e os amando.

Não podemos fazer com que as experiências difíceis e as intensas emoções dos nossos adolescentes desapareçam, mas podemos tentar manter a calma e nos fazer presentes diante das suas tempestades, oferecendo-lhes um porto seguro enquanto enfrentam as suas decepções. Podemos ouvir, e simplesmente ficar ao lado deles. Quando tudo mais parecer turbulento, precisamos ser sua âncora, sua rocha, sua fonte de estabilidade. Sempre ali presentes, não importa o que aconteça.

Isso significa que precisamos controlar muito bem as nossas próprias emoções. Não reagir com raiva, culpa ou vergonha diante da nossa própria impotência. Precisamos nos lembrar de que o comportamento deles é um sintoma desse momento de transição e não um reflexo do nosso sucesso ou fracasso como pais. Precisamos tentar não permitir que o medo ou a preocupação ou a comparação motivem as nossas respostas parentais. Educar adolescentes não tem a ver com gerenciá-los, mas sim com administrar a nós mesmos; porque é só quando

CONCLUSÃO

conseguimos lidar com as nossas próprias emoções que podemos criar um porto seguro para que os nossos adolescentes aprendam a lidar com as deles.

Nada disso é fácil. Precisamos ser resilientes e otimistas, reconhecer nossas próprias necessidades e encontrar formas de atendê-las, principalmente quando sentirmos que nossos filhos saíram do trilho ou simplesmente não nos amam mais. Agora é o momento de praticar o autocuidado radical. Não aquele autocuidado que é sempre esquecido, ou uma opção para quando tivermos tempo, mas algo que é a prioridade na nossa vida cotidiana. Porque, sem esse autocuidado radical, não conseguiremos prover a estabilidade emocional que fará os nossos adolescentes se sentirem seguros. Por isso, seja gentil com você mesmo, assim como é com o seu filho, apesar dos seus erros. E continue acreditando em um futuro promissor, no jovem adulto adorável que o seu adolescente irá se tornar, e no amor que voltará a fluir livremente.

Pode ser difícil, mas eu tenho certeza absoluta de que você é capaz de lidar com essa missão. Principalmente porque está lendo este livro, o que significa que se preocupa e que está tentando. Tentar é o mais importante. O seu filho percebe que você está tentando. Não importa quantos erros você pense que cometeu, o seu relacionamento com o seu adolescente ainda pode ser restaurado e florescer. Fazer o seu melhor não significa acertar sempre, mas que você continuará tentando e acreditando no seu filho.

Não subestime o quanto simplesmente continuar acreditando nele pode ser poderoso, principalmente naqueles momentos em que ele tiver mais dificuldade de acreditar em si mesmo. Se pudermos nos apegar à crença de que nem sempre será assim — de que eles superarão qualquer que seja o desafio diante deles —, demonstraremos uma fé inabalável neles, algo que é extremamente terapêutico e transformador. Continue procurando o lado positivo das coisas, construindo pontes e aproveitando os altos (não importa se não forem tão altos assim); aos poucos, com o tempo, eles se tornarão mais frequentes. Até que chegará um dia em que o seu adolescente sairá dessa fase e estará pronto para retribuir o seu amor e valorizar tudo o que você fez por ele.

RECURSOS PARA OS PAIS

Na internet

Em português:

Associação pela Saúde Emocional de Crianças (ASEC): Oferece diversos cursos de ensino a distância e plataformas online para crianças, adolescentes, pais e profissionais que trabalham com adolescentes e suas famílias. Disponível em: https://asecbrasil-ead.org.br/. Acesso em: 8 dez. 2024.

Fundação ABRINQ: Indicações de iniciativas e organizações voltadas para a promoção da saúde mental de crianças e adolescentes. Disponível em: https://www.fadc.org.br/noticias/organizacoes-saude-mental. Acesso em: 8 dez. 2024.

Instituto Algar: Promove a oficina "Meu Mundo, Minhas Emoções" para promover o debate em torno de questões de saúde mental com crianças e adolescentes, que são incentivados a falar sobre suas emoções. Disponível em: *https://www.institutoalgar.org.br/saude-mental-criancas-adolescentes/.* Acesso em: 8 dez. 2024.

Instituto Borboleta Azul: Oferece atendimento psicológico gratuito para crianças, adolescentes e famílias de baixa renda e em situação de vulnerabilidade. Disponível em:

https://institutoborboletaazul.org.br/. Acesso em: 8 dez. 2024.

Instituto Cactus: Entidade filantrópica que visa promover o debate e políticas públicas de saúde mental em escolas. Essa entidade lançou uma cartilha de saúde mental nas escolas e disponibiliza em seu site uma biblioteca com conteúdos relacionados a questões de saúde mental, adolescência, Setembro Amarelo, entre outros assuntos. Disponível em: https://institutocactus.org.br/. Acesso em: 8 dez. 2024.

Unicef: Informações e indicações de iniciativas para promoção da saúde mental de crianças e adolescentes, incluindo um *chatbot* voltado para a melhora da autoestima. Disponível em: https://www.unicef.org/brazil/saude-mental-de-adolescentes. Acesso em: 8 dez. 2024.

Em inglês:

Action for Happiness (global): Compartilha ideias de pequenas ações que melhoram o bem-estar no dia a dia. Disponível em: www.actionforhappiness.org. Acesso em: 8 dez. 2024.

Calm Harm (global): Um aplicativo desenvolvido para ajudar adolescentes que estão se automutilando. Disponível em: https://calmharm.co.uk ou nas lojas de aplicativo do celular. Acesso em: 8 dez. 2024.

Triple P Fear-Less Online (global): Oferece cursos online em inglês para pais com filhos com idades entre 6 e 14 anos que estão lutando contra a ansiedade. Disponível em: https://www.triplep.net/glo-en/home/. Acesso em: 8 dez. 2024.

Smiling Mind (Austrália): Oferece recursos para promover

a saúde mental em crianças, adolescentes e adultos. Disponível em: www.smilingmind.com.au. Acesso em: 8 dez. 2024.

Anxiety Canada (Canadá): Oferece recursos, aplicativos e programas para adultos, adolescentes e crianças que lidam com a ansiedade. Disponível em: www.anxietycanada.com. Acesso em: 8 dez. 2024.

Child Mind Institute (Estados Unidos): Oferece informação e conselhos para crianças e famílias que sofrem com transtornos de saúde mental. Disponível em: www. childmind.org. Acesso em: 8 dez. 2024.

Young Minds (Reino Unido): Oferece conselhos e ajuda para pais e filhos adolescentes que estão lidando com questões de saúde mental e emocional. Disponível em: www. youngminds.org.uk. Acesso em: 8 dez. 2024.

Livros

ALDERSON, Suzanne. *Never Let Go: How to Parent Your Child Through Mental Illness.* Vermilion, 2020.

CANDY, Lorraine. *"Mum, What's Wrong With You?": 101 Things Only Mothers of Teenage Girls Know.* 4th Estate, 2021.

DAMOUR, Lisa. *The Emotional Lives of Teenagers: Raising Connected, Capable and Compassionate Adolescents.* Ballantine Books, 2023.

DUFFY, John. *Parenting the New Teen in the Age of Anxiety.* Mango Publishing Group, 2019.

HOHNEN, Bettina; GILMOUR, Jane; MURPHY, Tara. *The Incredible Teenage Brain: Everything You Need to Know to Unlock Your Teen's Potential.* Jessica Kingsley, 2020.

SADOC, Allan. *Parenting Your LGBTQ+ Teen: A Guide to*

Supporting, Empowering, and Connecting with Your Child. Rockbridge Press, 2021.

SPARGO-MABBS, Fiona. *Talking the Tough Stuff With Teens: Making Conversations Work When It Matters Most.* Sheldon Press, 2022.

REFERÊNCIAS BIBLIOGRÁFICAS

ALDERSON, Suzanne. *Never Let Go*: How to Parent Your Child Through Mental Illness. Vermilion, 2020.

AMEN, Daniel; FAY, Charles. *Educar sem surtar*: Como ajudar crianças e jovens a se tornarem adultos responsáveis, confiantes e emocionalmente saudáveis. VR Editora, 2024.

BLAKEMORE, Sarah-Jayne. *Inventing Ourselves*: The Secret Life of the Teenage Brain. Black Swan, 2019.

BROOKS, Ben. *Every Parent Should Read This Book:* Eleven Lessons for Raising a 21st Century Teenager. Quercus Books, 2021.

CANDY, Lorraine. *"Mum, What's Wrong With You?":* 101 Things Only Mothers of Teenage Girls Know. 4th Estate, 2021.

CLEARE, Anita, Grieving the Loss of Childhood: Hurtful Teenage Years. *Huffington Post*, 21 April 2017. Disponível em: https://www.huffingtonpost.co.uk/anita-cleare/ grieving-the-loss-of-chil_b_16098262.html. Acesso em: 8 dez. 2024.

DAMOUR, Lisa. *The Emotional Lives of Teenagers*: Raising Connected, Capable and Compassionate Adolescents. Ballantine Books, 2023.

JENSEN, Frances E. *O cérebro adolescente*: Guia de sobrevivência para criar adolescentes e jovens adultos. Intrínseca, 2016.

NEUFELD, Gordon; MATÉ Gabor. *Hold on to Your Kids*: Why Parents Need to Matter More Than Peers. Vermilion, 2019.

PRICE, Adam. *He's Not Lazy*: Empowering Your Son to Believe in Himself. Sterling, 2017.